知的生きかた文庫

一休「禅」の言葉

境野勝悟

三笠書房

はじめに

落語の愛好家のみなさんが、よく、

「小三治《こさんじ》の落語は、枕《まくら》が、いい」

と、いう。

「枕」とは、前置きに、ちょっとする、面白い話である。


一休（一三九四～一四八二）は、「トンチの一休さん」といわれて、テレビアニメで、大人気になった。

ある人が、一休さんを招いたとき、橋の前に、

「このはし、わたるべからず」

と、立て札を立てた。が、一休は平気で橋を渡ってきた。その家の主人が、「このはし、わたるべからず」と、注意が書いてあったろう、それなのにどうして渡ってきたのか？　……と。

「はい。端《はし》は渡らず、真ん中を通ってまいりました」

また、屏風に描いたトラを、将軍から、つかまえろといわれ、縄を持って一休は、こういった。

「ハイ、つかまえますから、トラを屏風から追い出してください」

じつは、こうした一休の「頓知《とんち》ばなし」は、すべて、後世のつくり話である。ただ、いくらつくり話であっても、一休の禅を語る本題の「まくら話」としては、面白いし、禅の悟りの心を、見事にパフォーマンスしている。

もし、こんな「頓知ばなし」がなければ、一休は、子どもたちだけではなく、みんなのアイドルには、絶対に、なれなかった。

なぜか。

一休が、生きているときに自分でまとめた『狂雲集《きょううんしゅう》』と『自戒集《じかいしゅう》』。この二つの漢詩集は、研究者たちが、真剣になって理解しようとしても、簡単に手に負えるものではない。もし、若い禅僧たちが、歯をむき出し、かみついて、この漢詩集に学ぼうとしても、ポロリと歯は欠けてしまう。理解できないのだ。

どこを開いても、気性の荒い言葉が、狂ったように飛び出す。仏教界や堕落した修行僧に対する厳しくストレートな批判の毒舌。そこには、面白くてためになる「頓知ばなし」は、ひとかけらも、ない。

幸いなことに、一休が、職人さんや娘さんや一般庶民のために、禅の心をわかりやすく読み込んでつくったといわれる「道歌」が、全部で六百首以上ある。

これは、面白い。そして、わかる。

人工知能の開発が、ぐんぐん充実し、人間として生きる意味を失いそうになって、だれもが、心の奥底にぶ厚い氷のような不安と悩みを、かかえている。

わたしたち人間は、いったい、どこへ行くのか。

次からつぎに、いろいろな苦悩に出くわしても、一休の説く禅の心を知れば、太陽の暖かさを感じ、氷のようなぶ厚い不安も悩みも、美しく輝きながら、消えてゆく。

境野勝悟

目次

第一章 〝発想〟を変えて、愉快に生きる

第二章

〝虚飾〟を捨て、ありのままに生きる

第三章

〝常識〟にとらわれず、自由に生きる

第四章

〝世の垢〟にまみれ、懸命に生きる

第五章

〝偏見〟をなくし、人に恋して生きる

本文DTP／株式会社 Sun Fuerza

第一章

〝発想〟を変えて、愉快に生きる

1

お釈迦さまだって嘘をつく

嘘をつき　地獄に落つる　ものならば
無き事つくる　釈迦いかがせん

「嘘も方便」という明るく生きる知恵

人は、体と心といのちの三つから、できている。

だから、いくら体のことだけに、すごく神経をつかって養生《ようじょう》しても、うまく健康には、ならない。体だけを、こまかく気づかっていると、かえって、病気がちになったりする。

健康を守り、増進するには、どうしたって、明るい心とか、大らかな心とかが、必要となる。

まじめな心、きちんとしている心は、いい心には、違いない。

が、まじめで、きちんとしすぎると、心が、暗く、冷たくなる危険性が、高い。そして、これは、健康にも、すこぶる悪い。

まじめな人は、けっして、嘘をつかない。たまには、ちょっと、嘘をつけば、明るくなるのに、嘘がつけない。困ったものだ。

人は、体の養生だけでなく、心の養生をしないと、健康になりにくい。心の養生とは、じゃあ、いったいなにか。

簡単なことだ。

心を、いつも、明るく楽しくしておくことだ。

医者から、あと一か月のいのちと宣言されている友に、

「おまえだから、正直にいうけど、いま、医者に聞いたら、あと、一か月でダメだそうだぞ」

と、正直なことさえいえば、それで治る力を高められるわけじゃない。聞いたほうも、いったほうも、暗くなるだけだ。

そんなときには、やっぱり、「軽い嘘」をついて、元気づけるのがいい。

一休は、いう。

嘘をつき　地獄に落つる　ものならば

　無き事つくる　釈迦いかがせん

超訳する。

「『嘘をつくと、地獄に落ちるぞ』と、子どものころ、よくお坊さんから、注意された。しかし、どうだろう。嘘をひとつもつかないで、この世が、うまく渡っていけるだろうか。お釈迦さんだって、地獄とか、極楽とか、ありもしないのに嘘をいっているではないか」

仏教では、「嘘も方便」という生き方が、基本だ。

もちろん、人を困らせたり、人に迷惑をかけたりする嘘は、絶対いってはならぬ。

だが、人を明るく、楽しくさせ、希望や生きるエネルギーを発揮させる嘘は、思いきり、ついてよろしい……と、一休も、いう。

まじめに正直なことばかりいっている人が、なぜ、失敗するのか。

正直が悪いわけじゃない。正直なことをいわれた人を、怒らせてしまうからなのだ。

それでは、この世の中を、うまく渡っていくことは、できない。

2

「嫌い」をスパッと捨てる

大水《おおみず》の　先に流るる　橡殻《とちがら》も
身を捨ててこそ　浮かぶ瀬もあれ

仕事が好きになる、たったひとつのコツ

テキパキと、仕事をしている。

すがすがしく、働いている。

積極的に仕事に取り組んでいる人の姿は、キラキラと、輝いている。

そんな人をながめていると、つい、

「ああ、うらやましいなぁ。あの人は、自分の好きな仕事をしているんだ」

と、思ってしまう。

そして、すぐ、

「あの人にくらべて、どうだ。わたしの仕事は、一日中、楽しいことなんて、ひとつもありゃしない」

と、グチを、こぼす。

ちょっと、待ってくれ。

ああやって、気持ちよく仕事をしている人だって、自分の好きなことをやっているとは、限らない。

いやいや仕事をやっているうちに、いやなことが、いつからか、ふと、「ああ、この仕事をしてよかった」と、喜べるようになったのかもしれない。

じゃあ、どうだろう。かりに、もし、ほんとうに好きな仕事を選べたとして、十年も、二十年も、毎日毎日、楽しく仕事ができるであろうか。いま楽しくたって、いつまでも、楽しいわけじゃない。

「この仕事をしていてよかった」と思えるようになるには、たったひとつのコツがある。

それは、「この仕事が嫌いだ」という気持ちを、ポイと捨てきることだ。すると、好きにはなれなくても、その仕事を続けることは、できる。

一休は、いう。

　大水の　先に流るる　橡殻も
　身を捨ててこそ　浮かぶ瀬もあれ

超訳する。

「台風のあと、大水が出た。川があふれるように、グルグルめぐりながら、走っていく。トチの実の殻が、波にもまれ、激しい流れに、踊っているように、うれしそうに、楽しそうに浮かんでいる。いつまでたっても、沈まない。殻は、中の実を、すっかり捨てている。だから、大水の先端で、とことん、好きなように、うれしく楽しく活動している」

つねに、自分の頭の中に「嫌い」という考えをつめ込んでいては、喜んで仕事をすることは、できない。たまには、思いきって、頭の中に、ぎゅうぎゅうづめになっている「嫌い」という考えを、スパッと捨てきる。

「嫌い」を捨てれば、「好き」になる。いますぐなれなくとも、いつか、きっと……。

嫌いな仕事が「好き」になれば、人生の大成功者だ。

「好き」という安心の先には、必ずチャンスが待っている。

3

いのちを削らない

妄執《もうしゅう》の　雲をしさても　はるけには
身の成る果てに　地獄天堂

前向き、積極的、成長……その先には、なにがある？

前向きに、やれ！

ハイ。

積極的に、やれ！

ハイ。

いまの時代は、「前向き」と、「積極的」の二つの原理を、若い人の心の奥底まで叩き込んで、いい結果を出そうとばかりしている。

でも、実際は、どうなのだろうか。

前向きに、やれ！

と、いわれたって、前をいくら向いたって、目先が真っ暗で、見通しがきかないことだってある。

そんなときは、いくら動こうと思ったって、ぜんぜん身動きができない。

積極的に、やれ！

よし、昨日も、積極的に頑張った。今日も、積極的に頑張る。明日も、もっと気合を入れて、積極的に頑張ろう！

そんな生き方は、二十代なら、できる者が、若干いるかもしれない。

残念ながら、三十代では、それを続けていると、無理が、生じてくる。

四十代になると、体力の「限界」という、どうにもならないぶ厚い壁が、体中にのしかかってくる。

五十代の指導者の大半は、自分はできもしないのに、おそろしい顔をして、
前向きに、やれ！

積極的に、やれ！

と、わめいている。

もし、五十代になっても、ひたすらまじめに頑張り続けている人は、必ず、倒れる。


禅の生き方は、積極的ではない。

禅の修行は、まず、消極から出発する。

はじめから、積極的に、行動しない。

「黙って坐っていろ。動くなっ」

なるほど、坐禅は、足をがんじがらめにして、立つことさえ、できない。まったく、ゼロの姿から学ぶのだ。

ところが、不思議なことに、不動の坐禅をしているうちに、「積極的に生きよう」と、自分発生の強い気力が、湧き立つ。

妄執の　雲をしさても　はるけには
　身の成る果てに　地獄天堂

一休は、いう。

「自分をなくし、ただいわれるままに、前進、積極だけを真実の生き方のように、強く心をひかれ、深く思い込んで、雲に隠れた、ぼんやりした目標を追いかけまわしていると、ついには、地獄の釜の中へ落ちるぞ」……と。

現代の大方のリーダーは、前向き、積極的、成長、拡大、競争、に妄執しすぎる。

4

変わるものと、変わらないものを知る

色相《しきそう》は　そのときどきに　変わるとも
不生不滅《ふしょうふめつ》の　心変わらじ

〝人事〟の変化にジタバタするな

「ああ、春が来た」
「ああ、夏が来た」
「ああ、秋が来た」
「ああ、冬が来た」

わたしたちが、住んでいる日本は、まあ、なんと四季の移りに、メリハリがあって、美しいことか。

春が、夏に変わっても、夏が、秋に変わっても、わたしたちは、新しい季節に、気持ちを合わせることが、できる。変わっても、悩まない。変わっても、不安にならない。

なぜだろう。

春・夏・秋・冬の変化の順序が、絶対に変わらないからだ。

ところが……。

昇進した。ひとつ上のポジションにつくことができた。

「やったぞ。いよいよ、課長になれた。いままで、努力した甲斐があったぞ」

一か月が、過ぎる。

「いや、課長の仕事は、大変だな。自分にやっていけるかな」

「ひとつ上にあがると、ずいぶん環境が変わるな。それに、新しい上司と、どうも気が合わない。明日も、また厳しく指導されるんじゃないかな」

やっと、希望が、かなった。

そのときは、心が安定する。

が、新しい仕事が来る。新しい上司が来る。同僚は地方へ……。だんだん、不安が迫ってくるようになる。このまま、ずっとうまくやっていけるのかなぁ……と、将来をおびえはじめる。

なぜだろう。

「順序」が、決まっていないからだ。課長の次は部長、部長の上は取締役、と絶対に保証されていれば、先のことを心配して、あれこれ不安に襲われることは、ない。が、いつ、課長の座から落とされるかわからない……そこに、不安が生まれる。

一休は、いう。

色相は　そのときどきに　変わるとも
不生不滅の　心変わらじ

超訳する。

「世の中の様子とか、人の身分に関することは、なんのルールもなく、無造作にどんどん変わる。状況は、またたくまに変化するから、不安が募《つの》る。一方、春・夏・秋・冬のように、大自然（不生不滅）の変化の順序は、絶対に変わらない。変化を、安心して、楽しめる」

自分の人生を、いつも喜んで暮らしたいなら、人事の変化だけに心をうばわれず、日差しや風、花や雲の風景のフレッシュな自然の変化に、心を躍らせることだ。

5

世の中の評判など、すぐ変わる

今日ほめて　明日悪くいう　人の口
泣くも笑うも　嘘の世の中

お世話や親切は〝しっぱなし〟がよい

ずいぶん、親身になって、やさしい心づかいをして、その人に尽くした。

忙しいのに、なんとか時間をつくって、あれこれ、頼みを聞いてあげた。

ケチでいうわけではないけれど、ご馳走して、サイフは、すっからかんになった。

それなのに、

「お世話になりました」

とも、

「ありがとう」

とも、頭を下げて、お礼をいわれなかった。いささかでもいいから、見返りのほめ言葉がほしい。

それが、まったくないどころか、逆に、裏切られたり、意地悪をされたり、無礼な陰口を叩かれたり、こっちが苦しめられることも、ある……。

いつか、そのことについて、老師に相談をした。

「人間というのは、どうして世話になったら、頭を下げて、お世話になりました、ありがとう……と、素直にいえないのですか」

老師は、笑いながら、こう答えた。

「あはは。それは、おまえが間違っている。ありがとうと感謝してもらうために、親切をしてはいけない。人のお世話をするときは、いっさいの見返りを期待してはいけない」……と。

あれから、幾年たっても、やはりまだ、親切をしてやったら、「ありがとう」と、いってもらいたいし、「あなたは、いい方ですね」と、いささかでも、ほめてもらいたい。

でも、こう思っているうちは、どうやら、いつまでも、人に善意をほどこしては、自分で勝手に苦しみ、悩むことになる。

今日ほめて　明日悪くいう　人の口
泣くも笑うも　嘘の世の中

「あいつは、いいやつだ」

と、今日は、ほめられたのに、明日になると、

「あいつは、グズでしょうがない」

と、けなされる。

人の口、世の中の評判というものは、よくても、悪くても、大半は、真実ではない。正しい評価ではない。

今日泣いていた人が、なんと、明日は大笑いしているではないか。泣いても、笑っても、そのときに、ちょっぴり反応しただけで、その人の姿ではない。

だから、ほめられても、陰口を叩かれても、それにこだわらないほうが、いい……と、一休は、いう。

人からほめられたときは、たとえ、真実でなくても、大喜びして、けなされたときは、あの人は「正しいことをいってないな」と、思っても面白い。

いずれにせよ、人の評価ばかり気にすると、戸惑《とまど》って、人生が停止する。

6

心の〝鬼〟に支配されない

鬼という　おそろしものは　どこにある
邪見《じやけん》な人の　胸に住むなり

「思い込み」はこんなにもおそろしい

学者とか、研究者は、違うかもしれないが、ふつうの生活をしている人は、いつも、楽しそうにニコニコ笑っているほうが、幸福に見える。

若いころ、わたしが就職した学校に、一人、まったく笑わない先生がいた。ほかの先生が、みんなで笑っても、その先生だけは、笑わない。しかも、この先生は、人に対して、絶対に、頭を下げなかった。

まれなことに、ある一瞬、皮肉っぽく、意地悪そうに、人を見下して笑うことがあった。うっかり、そんな笑いを見ると、ぞっとして、真っ暗な気持ちになった。

ところが、ある夏の合宿のとき、その日の仕事がすべて終わって、生徒も静かに床についたので、大風呂へ飛び込んだ。

湯気が、もやもや立ちのぼっていて、見えなかったので、わたし一人かと思った。

「きみ、ぼくが、なぜ先生になったのか、わかるか？」

その笑わない先生が、風呂にいた。

「……」

「ぼくはね、小さな商売をしている家に生まれたんだよ。小さいときから、父と母が、お客さんに対して、ニコニコとつくり笑いをして、ペコペコ頭を下げている姿を、もう、いやというほど、毎日、毎日、見ていてね。ぼくは、頭を下げて、お世辞笑いをしないですむ職業につこうと思って、先生になったんだ」

こういって、ザバッと湯船をあがっていった。

この一瞬だけ、日ごろの先生のイメージとは、打って変わった、やさしい顔だったので、正直なところ、複雑な気持ちだった。

が……。

翌日からも、その先生は、けっして、頭を下げなかった。そして、ずっと、笑わなかった。

鬼という　おそろしものは　どこにある
邪見な人の　胸に住むなり

少年のころは、思いやりがあって、友だちからも親しまれていたのに、成人して、ある日、あのときから、邪見な世界にのめり込んで、あたりの人に迷惑をかけたり、他人を平気でひどく扱ったりするようになる。

原因は、ひとつ。

その人の心に、鬼が住んだり、蛇が飛び込んだりしてしまったからだ。人を、こわがらせる鬼。人をいやな気持ちにさせる蛇。人をこわがらせても、人に不快な気持ちを与えても、へっちゃらな「考え方」や「情報《ことば》」（鬼と蛇）が、人の意識の中心に入り込むと、もはや、人は、そのようにしか、行動できなくなる。

人は、どんどん、変わる。

世界も、じゃんじゃん、変化していく。

なのに、ふと飛び込んできた害ある「考え方」や「情報」を、不変の真理として胸に抱きしめて、人は、鬼のようにおそろしい姿をして、いつまでも戦争からテロまで、平気で、起こす。

どんなに賢くやさしい人も、邪見の刃《やいば》を持つと、いきいきとした輝きを失う。

7

決めつけなければ、道に迷わない

行く末に　宿をそことも　定めねば
踏み迷うべき　道もなきかな

先入観が「楽しい一日」の邪魔をする

思うようにならない世の中を、なんとか生きていかなくてはならない。

考えたとおりには、なかなか、うまくいかない世の中を、どう生きるか。

天気のいい日と、どしゃぶりの雨の日を、どう生きるか……?


ああ、今日は、天気が、いい。

雲が、美しい。

風が、さわやかに、ほほをなでてくれる。気持ちいい。

ふう、と、深く息をして、青い空を見あげる。今日は、いい天気で、ほんとうによかった。うれしい。

朝、目がさめる。

ザァー、ザァーと、雨の音。

窓を開けようとしたって、雨がブツブツ当たって、ダメ。

外へ出るには、レインコート。手には傘を持つ。雨がひどければ、長ぐつをはく。

いやあ、今日は、ついてない。面白くない。

「あした天気になぁーれ」

と、てるてる坊主をぶら下げて祈っても、雨の日は、雨が降ることになっている。

どうしようも、ない。


そこで、どうだろう。少し冷静になってみる。

たまの雨は、乾燥しきった空気が湿って、体調がよくなり、風邪も治る。

雨が降ると、草や木、農作物が、すくすく、育つ。

雨が降ると、枯れはてていた貯水池が、活力を出して、働き出す。

「ああ、今日は、雨だ。いい、お湿りですね」

と、いえば、楽しく、感謝の一日となる。

「雨の日は、悪い日だ」という決めつけた先入観を捨てれば、「雨の日は、いいお湿りの日だ」と、ありがたい一日に、なる。

現代人は、こまかく、いいの悪いのと決めつけて、ちょっと悪いと、ハチの巣をけちらしたように、わめきすぎる。

行く末に　宿をそことも　定めねば
　踏み迷うべき　道もなきかな

「あしたの宿は、さがみ屋と決めた」

と、たくさんの宿のうち、一軒をひょいと決めてしまうと、

「ああ、こっちの道じゃなかった。さっきの四つ角を右へ行けばよかった」

と、迷うことになる。

当時は、いまのように地図もない。案内板もないのだ。迷い出すと、きりがなかった。あっちの宿より、こっちの宿がいい、と自分の思い込みでひとつを決めてしまうのは、迷いのもとだ。ひとつに決めず、どこでもいいと思えば、迷う道さえなくなる
……と、一休は、いう。

これか、あれかの、ひとつだけがいいのではない。

いいにつけ、悪いにつけ、両方ともに、いいところと、悪いところはある。

8

「好奇心」をはつらつと持つ

絵に写し　木に刻《きざ》めるも　弥陀《みだ》は弥陀
かかず刻まぬ　弥陀はいずくぞ

豊かな感情が、豊かな人生をつくる

山を、下から、高校生が、ユニホームを着て、一列で、かけのぼってくる。

「ファイト！」

と、声をかける。

汗びっしょり。ハァハァしているのに、

「ハイ！」

と応えてくれる。

手をあげて、応えてくれる生徒。

なんと、ニコッと笑ってくれる生徒もいる。

これが、若さだ。

肉体的に、とても苦しい状態でも、こちらの気持ちを、受け取ってくれる。

「頑張れよ」

という、こちらの励ましの感情を、素直に、受け止めてくれる。

感情には、まったく無関心。理屈には、すぐ、ああじゃない、こうじゃないと、反応する。そうなると、いくら年齢が若くても、その人には老いが迫っている。

人生、リクツではない。

他人の感情を受け取る若々しい生命の輝きを、失ってはいけない。人の感情に反応できなくなると、やる気が出なくなる。なにかすることが、おっくうになる。

人生において、感情のキャッチボールくらい大事なものは、ない。

意欲的な人生を送っている人は、理屈よりも、感情が豊かである。

感情を豊かに育てるには、人の感情をこころよく受け取る感受の神経を、つねに磨いておくことだ。

その神経は、どこにあるのか。

わからない。

わからないけど、ある。見えないけど、ある。

豊かな感受の神経を、では、日ごろから、どうやって育てたら、いいのか。

いろいろな方法が、ある。いちばんいいのは、自分が好きな人、自分が好きなことに対して、好奇心をはつらつと持つことだ。

絵に写し　木に刻めるも　弥陀は弥陀
　かかず刻まぬ　弥陀はいずくぞ

アミダさまの「アミダ」のもとの意味は、無量寿《むりょうじゅ》・無量光《むりょうこう》といって、あらゆる生命の底にあって、いろいろな生命を支えている宇宙の大きな働きのことである。

一休の禅とは、人間みんなの体の中にある、いきいきと明るく生活している宇宙の能力を、自分で磨いていくことである。

だから、絵にかいたアミダさまや、木で刻んだアミダさまは、ほんとうの「アミダ」ではない……と。じゃあ、ほんとうのアミダさまは、どこにいるのか。

見えないけれど、体の中に、いる。大宇宙の能力は、あなたの体の中に満ちている。

じつは、その宇宙の感性の能力は、人のはつらつとした好奇心で、どんどん、育つ。

9

ただひたすら「実践」する

仏道《ぶつどう》に　悟れというは　何事ぞ
因果《いんが》菩《ぼ》提《だい》を　会《え》得《とく》するなり

いい姿勢は、幸福を引き寄せる

パソコン、スマートフォン、ゲーム機が、どこにも、かしこにも、あふれんばかり。男も女も、老いも若きも、なんらかの形で、機器と向き合っている。

駅のベンチに座って、パチパチ。ティールームで、パチパチ。電車の座席で、パチパチ。オフィスの机の上で、パチパチ。どこでも、ここでも、パチパチ。日本中で、パチパチ、パチパチ……。

どこかで、だれかが決めたように、そのような機器を使っている人の姿勢は、百人いれば、百人、背中を丸めた、前かがみの姿勢だ。

わたしは、自分が子どもの時代はよかったとは、まったく、思ってはいない。今日の時代のほうが、よっぽどいい。

ただ、妙に、姿勢だけには、家でも、学校でも、ひたすら、厳しかった。それが、よかった。

「頭をあげろ」

「あごを引け」

「背中を丸めるな」

「背すじを伸ばせ」

「ピンと胸を張れ」

「下を向かず、正面を見て歩け」

と、ひっきりなしに、注意をされた。

おかげといっては、なんだが……。

ほかのことは、ほめられないのに、

「姿勢がいいですね」

とだけは、よくいわれて、うれしい。


背中を丸めていると、だんだん、息が、短くなる。短くなると、それだけ、十分に空気が、吸えなくなる。

すると、体内の酸素が、不足する。脈が乱れ、速くなる。健康に、悪い。

坐禅は、ひとえに、よい姿勢を、求め続ける。

理屈は、なんにもいらない。ただ、実践する。それを、続ける。一年は一年、二年は二年なりに、こころよい結果が、生まれる。

一休は、いう。

仏道に　悟れというは　何事ぞ
　因果菩提を　会得するなり

超訳する。

「仏教で悟れというのは、なにも自分が持っていない超能力を開発することじゃない。また、わけのわからない迷信のようなものを信じなさい、というものでもない。もちろん、死んだあとの世界のことじゃない。

坐禅をしていれば（因）、必ず、呼吸がととのい、自然に、悩みや迷いが消えて、いつのまにか、明るく元気で幸福な生活（果）が生まれてくる」

10

〝心の動き〟に気をつける

心こそ　心まどわす　心なれ
心に心　こころゆるすな

心は時に、とんでもないほうへ飛んでいく

十年前、五年前、きっと、自分は、悩み苦しんでいた。

あなたも、三年前、きっと、なにかに悩んでいた。

いま、静かに、振り返ってみる。

あのころ、自分は、なぜ、あんなことで、悩んでいたのであろう。

あのとき、あなたも、なぜ、あんなささいなことで、苦しんでいたのであろう。

消えかけて、かすんで見えることかもしれない。

が、あのときの悩み、苦しみの原因が、どこにあったのかを、かみしめて思い、考えてみる。

悩み、苦しみを引き起こすのは、一にも、二にも、「いい」とか「悪い」とか、頭の中だけの、そのときだけの考えである。

久しぶりに、平和な日曜であったので、妻に、いった。

「今夜は、寿司でも食べようか」

すると、すばやく、返事が、ある。

「また、お寿司ですか。もういいかげんにしてよ。わたしは中華がいいわ」

「この暑いのに、中華はないだろう」

「でも、冷やし中華があるわよ」

「……寿司がいい」

「中華がいい」

この二つの「いい」か「悪い」かが合わないで、どんどん、エスカレートする。うっかりすると、

「もう今日は、外食は、やめるっ」

と、なる。

翌朝、出勤。

「今日から、一週間、働き続けなきゃいけないから、昨日は、どうしても、寿司を食べたかったのに、あいつは、オレの気持ちが、わかっとらんっ。酢めしは、体力をつけるんだ。それに、『また、お寿司ですか』とは、なんだ。無礼なやつだ。やっぱり、あいつと結婚したのは、よくなかったのか……」

と、とんでもないところへ、心は飛んでいく。

心こそ　心まどわす　心なれ
心に心　こころゆるすな

「いい」とか「悪い」とかいう心こそが、心をまどわし、悩みや、うらみつらみを引起こすのである。

人の心というのは、すぐに「いい」とか「悪い」とかといい立てるが、平和に、なるべく悩みを少なく生活したいなら、善悪に敏感な「心」に、十分気をつけるように……と、一休は、いう。

妻が、中華が食べたい、といったら、「うん、じゃあ、今日は中華にしよう」と、すんなり答えてやれば、いいじゃないか。

いい、悪いの考えは一本のマッチだ。たった一本でも、慎重に取り扱わないと、感情に火がつき、誤って家まで燃える。

11

「いい」とか、「悪い」とか、決めつけない

経《きょう》を見て　その善悪を　取りぬれば
善悪ともに　悪にこそなれ

あの人にとって「いい」ことも、この人にとっては「悪い」

まず、よく考えてから、行動しなさい。

うむ。とにかく、考えよう。

でも、なにを、考える？　どう、考える？

結局、考えるとは、いつでも、ものごとの二つの中から、ひとつを、ピンセットでつまみあげることだった。

Aにしようか、Bにしようか。

どっちがよくて、どっちが悪いか。

どっちが損で、どっちが得か。

「よし、Aにしよう」

なぜ？

自分にとってプラスだから。

自分はそのほうが気分がいいから……。

そのうち、おせっかいがはじまる。

「みんな、Aのほうがいいぞ。みんなも、Aにしたまえ」

やがて、「A主義」という思想が、固まってくる。Bは、まったく視野に入ってこない。Bの考え方は、認めたくない。いつのまにか、「A」の考えだけで、生きていくことになって、孤立する。もちろん、B主義におちいっても、同様。

人の大半が、Aか、Bかどちらかの考えを選んで、自分が正しいといい張って、生きる。自分の考えだけで、それを一生、通しきって生きようとする。

が、世の中の現実は、自分の考えだけでは、生きられない。

それが当たり前のことなのに、いつのまにかみんなの考えで、みんなで生きていくことを、すっかり忘れてしまった。

固執しすぎると、考え「A」も、考え「B」も、平和を乱す犯罪者となる。考え方の違う相手を倒す一心で、一生を戦い通すことになる。

「いい」「悪い」は、絶対ではない。あの人にとって「いい」、この人にとっては「悪い」だけの話だ。すべて、そのとき、その場だけのことだ。

あんなに「いい人」といわれたのに、いざとなると、自分の考えを捨てきれず、突然「悪い人」になった例は、うんざりするほど、ある。

一休は、いう。

経を見て　その善悪を　取りぬれば
善悪ともに　悪にこそなれ

超訳する。

「お経というものには、どのお経にも、エゴの考えを捨てて、観音さまのような、いっさいを受け入れる心を持って、大自然の慈悲の愛情で、相手のことをよく思いやりなさい……と、ある。

そのお経について、やれ観音経よりも阿弥陀経がいい、いや涅槃《ねはん》経がいいと、その善悪を論ずるのは、けしからん。いいといっても悪いといっても、両方ともに悪い」

善と悪に区別せず、相手の価値観を尊重することが、禅の見方だ。

12

自分の好きなことで、奮い立つ

おのが身の　おのが心に　適《かな》わぬを
思わばものを　思い知りなん

不本意なことを、いつまで続けるのか

一生懸命、勉強する。

まじめに、勉強する。

めちゃくちゃに、勉強する。

そして、名門の大学に、合格。

とたんに、ほとんどの生徒が、勉強しない。

必要なことは、最低限やるが、これまでのように、汗かいて勉強する者は、ほんのわずか。

大学へ入ったら、大半が、バイトと遊びに忙しい。ほとんどが、要領よく、単位だけは取って、卒業。

就職する。毎日、仕事ばっかり。腹の底からやりたいことが、湧いてこない。

なぜだろう。

有名大学に合格するための勉強は、自分の勉強のようで、じつは、こうすれば合格するよ、というレールに乗せられて、突っ走ったのだ。

本来、勉強とは、自分が生まれたときから持っていた才能を発見し、インタラクティブにそれを伸ばし、充実させることだった。

が、受験のための勉強とは、合格のために必要な能力を育てる。テキストとは、合格のためのテキストであって、内容は、まったくどれも同じである。

受験生は、全国共通の勉強を押しつけられて、共通の能力にランクをつけられ、合格のために、もっともっと、さらにさらに、同じ性質の記憶能力を育てられたのである。そこに、個性はなかった。

エリートとは、選ばれた少数の優秀な人である。が……。今日のエリート教育は、うっかりすると、選ばれた多数の平凡な人間をつくる。

有名大学へ進学するには、ガッチリと仕組みが整備されていて、自分の興味とは関係なく、機械的な競争が続く。

やらされた勉強をし続けていると、素直な人にはなるが、だんだん、「自分がなにを、どうしたらいいか」がわからなくなる。いわれたことは、そのとおりにやれる。しかし、いわれないことは、一歩踏み出すことが、できない。自分の人生を生き抜く確信を、だんだん、失っていく。

一休は、いう。

おのが身の　おのが心に　適わぬを
思わばものを　思い知りなん

超訳する。

「自分は、生まれつき頭が悪い……などと思っては、絶対にいけない。人として生まれたからには、だれもが、レベルの高い自分一人の才能を持っている。しかし、才能を持っていても、自分が面白いと思ったことをしないで、不本意なことを我慢してやらされていると、無感動で重たい人生を送ることになる」

自分のやりたいことをやれば、奮い立つ。人生が、すごく面白くなる。

自分の好きなことに出会えば、寝ていた才能が、ふーっと活発に働きはじめる。

第二章

〝虚飾〟を捨て、ありのままに生きる

13

つねに「主体的」に生きる

そのままに　生まれながらの　心こそ
願わずとても　仏なるべし

自分らしくやる、自分なりにやる

「自分は、役に立たない、人間だ」

そんなことを思い悩んでいると、いつか、生きる面白さを、失っていく。

若いころは、なにか特別なことをして、なんとか、人の役に立って、たくさんの人の目について、ほめられたいとばかり思っていた。

人に、ほめられるには、いったい、どうしたらいいのだろうか。

人に、認められるには、いったい、どうしたらいいのだろうか。

自分の才能と体力の限界、ギリギリまで努力した。

ときには、自分の才能と体力を、はるかに超えた頑張りを続けた。

が、一向に、世間は、わたしを認めてくれようとはしない。

そのとき、

「ああ、自分は、結局は人の役に立たない人間なんだ」

と、思った。

とたん、身も心も、ガタガタッと音を立てたように、こわれた。

そして、いま振り返ると、あのころの自分は、「人に認められたい」ために、日々努力をしながら、いちばん大事な自分が生きるほんとうの姿を、すっかり、見失っていた。

自分で、自分が、自分らしく生き抜く価値を、すっかり、忘れていた。

そのままに　生まれながらの　心こそ
　願わずとても　仏なるべし

……と、一休は、いう。

人の役に立とう。

胸を打つ、すばらしい言葉だ。

人に認めてもらおう。

この言葉も、すごく魅力が、ある。

が、「人の役に立とう」「人に認めてもらおう」……この生き方を続けていると、いつのまにか、他人に対する気づかいばかりが、増えていく。だんだん、リラックスして生活できなくなる。生命力が目減りする。

人によく評価してもらうためにと、特別なことを、あまりしすぎないで、もっと、あなたは、あなたのままで、生きる。

人として、この世に生まれたからには、もっと、もっと、自分が生まれながらに持っている才能や性格や興味に、耳をかたむけるほうが、いい。

自分が、ほんとうにやりたいことは、いったい、なんだったのか。それは、他人ごとではない。

自分が、やりたいことを、とことん積み重ねて、その挙げ句に、もし少しでもほかのみなさまのお役に立てば、悔いのない人生を送ったことになる。

そういう主体的な生き方をしている人を、一休は、「仏さま」として拝んでくれる。

自分の価値を知っている人。

自分らしい生き方を養ってきた人。

そして、みんなと楽しく生きている人。

そういう人を、本来の仏、と、いうのだ。

14

余計なことを詮索しない

もとの身は　もとの所へ　帰るべし
いらぬ仏を　訪ねばしすな

心臓はなにも考えずにコチコチ動いている

心臓が、コチコチ、動く。

人は、みんな、だれでも、心臓が動いているから、生きている。

そんなこと、当たり前だ。わかりきっている。

いや、違うだろう。その当たり前のいちばん肝心なことが、しみじみと、深く、わかっていないのではないのか。

人は、よく考えさえすれば、いい結果が出ると、思い込んでいる。しっかりと考えさえすれば、必ず、自分の考えたとおりに生活できると、信じ込んでいる。

そうだろうか。

人は、考えだけで生きているのではない。人の生命の大もとは、頭ではない。コチコチと動いてくれている「心臓」の働きがあるから、生活している。

頭で正しく考えさえすれば、なんでも思うようにできる。考えこそが、オールマイティ。万能である。

じゃあ、あなたの考えで、心臓を動かせるか。あなたの考えで、どうやって、心臓を止めるのか。

逆に、あなたが、どうかいつまでも心臓に働いてもらいたいと願って、どうしたらいいかと、考えに考え抜いたって、なんの力にもならない。

いのちの原点、「心臓」だけは、考えないで生きている。考えなくても、活動してくれている。生きていく上から思えば、これが、いちばん、尊い。

「心臓」は、考えても、考えなくても、そんなことは無視して、生き続ける。

一休は、いう。

もとの身は　もとの所へ　帰るべし
いらぬ仏を　訪ねばしすな

あれこれ考え続けていると、疲れてしまう。

よく考えてやったのに、結果がうまく出ないと、しゃくにさわる。

そんなときには、自分のいのちの原点に帰ってみよう。

心臓は、あなたが考えている、いいだの悪いだのという理屈とは、関係なく活動している。

いや心臓だけじゃない。目だって、そうだ。

あなたが、見たくないと考えているものがある。「絶対、見たくない」と思ったって、目を開けば、見える。

飲酒をして、運転をする。胃や腸にアルコールを吸収させないためにはどうしたらいいかと、いくら考えたって、ダメ。

「考える」ことだけでは、生きられぬ。自分の中には、考えずに、大きな働きをしている生命がある。

考えないで活躍している大もとのいのち。

それが、「ほとけ」だ。

考えない自分の生命活動を「空《くう》」という。けっして見えない力だから「空」という。

人は、「空」でハッピーに生きる。

15

迷ったときは「わが心」にたずねる

夜もすがら　仏の道を　たずぬれば
わが心にぞ　たずね入りぬる

「競争」から一歩離れると見えてくるもの

いっしょに、仲よく、みんなで楽しく生きていこう。

人間は、何年たっても、何百年たっても、それができない。

文章にすれば、たったの、一行。

いっしょに、仲よく、みんなで楽しく生きていこう。これだけだ。

だれでも、そう思っている。みんなの大切な理想だ。

みんなが、そう思っているのに、いつでも、どこでも、それが、できない。

メダカは一匹で、生きている。アリも一匹で生きている。うぐいすも一羽で、生きている。


ところが、人は、一人では、生きていけない。

世界だって、一国だけでは成り立たない。そこで……。

たくさんの人に助けられたり、仕事をもらったりして生きるには、なんといっても、まず、人から認められなくてはならないだろう。

一生懸命、机に向かって受験勉強して、名門の大学に入学したいのも、結局のところ学歴によって、多くの人から認められたいから……。

社会生活に入って、名誉や地位や財産が欲しくなって頑張るのも、人に認めてほしいからなのだ。

人に認めてもらうために、努力をすることは、悪いことじゃない。

ただ、一点だけ、十分に注意しなければならぬことが、ある。

みんなから、認められるためには、人と同じことをしていたのではいけない。なんとか、人を追い越せるような戦略を立て、勇気を出して実行に移していこう……と、そんな競争をしているうちに、「みんなで仲よく」どころか、みんなの心が、散り散りバラバラになってしまうのだ。

しかも、人から認められたい一心で、「ほんとうの自分」をどんどん見失っていく。

『菜根譚《さいこんたん》』の一節に、

花の落つること頻《しき》りといえども
意おのずから閑《しずか》なり

が、ある。

桜の花が、ハラハラ、ハラハラ、しきりに散っているのを、ながめている。そのときの私の心は、ゆったりとして静かである……と。

いかに他人から認められなくても、また、いかに忙しく競争していても、あまりそれに、わずらわされず、静かでゆったりした「わが心」を持っていたい。

夜もすがら　仏の道を　たずぬれば
わが心にぞ　たずね入りぬる

……と、一休は、いう。

仏の道とは、自分も楽しく、みんなも楽しく、おたがいにこの一生を、いつくしみ思いやって生きていくことだ。そうするには、どうしたら、いいか。だれもが、人の根本生命は、理屈抜きで自分の生命を支えていることを深く知ることだ。

16

人は本来、「なにものでもない」

本来も　なきいにしえの　我れなれば
死にゆくかたも　なにもかもなし

「怒り」は、自分の平和を自分で傷つける

買い物をした。

両わきに、でっかい荷物をかかえながら、駐車場について、ほっとする。

満車。右も、左も、大型の乗用車。

肩をすぼめるように、私の小型の自動車が止まっている。後ろから回って……。

まず、ひとつの荷物を、下に置く。

次に、このいちばん大きい荷物を、後ろの座席に入れようか……。なかなか、うまく、入らない。

右足のひざを使って、ドアをもっと開こうとしたとたん、スルスルと流れて、隣の大型車に、コツンと、当たる。

とたんに、

「バカヤロウッ」

運転席に、人が、いた。

「すいません」

「なんだ。その態度は。ちゃんと荷物を置いてから、あやまれっ！」

荷物を下ろして、直立不動で、

「すいませんでした」

彼は、ドアを鋭い目で、見つめていた。キズは、ひとつもなかった。

続いて、前から、後ろから、ていねいに、ドアの表面を、こまかく検査した。

まったく、へこみは、ない。

「この車にキズがついたら、大変なんだぞ。そこいらの工場には、この塗料がないいんだ。ちょっとしたキズでも、ドア全部をやらないと、むらが出てダメなんだぞ。ドアを一枚ぬると、数万円するんだ。気をつけろ！」

と、怒りが、収まらない。

「すいません。すいませんでした」

を、続ける。

とにかく、わたしが、悪い。しかし、ひとつのキズもなく、ただ、コツンと触れただけで、どうして、あんなに怒ってしまうのか。彼だけではない。わたしも、そういうことがある。

本来も　なきいにしえの　我れなれば
死にゆくかたも　なにもかもなし

自分が、この世に生まれるずっと前は、なにもなかった。自分が死んだあとも、なんにも、ない……と、一休は、いう。

もともと空っぽのわたしが、美しい花を見て、小鳥の声を聞いて、気持ちよい空気を吸い込んで、いま、人間として、生きている。こうして人間として生きているということが、どんなに貴重なことか。

「空っぽ」に、怒りはない。

人は、だれも、ちょっと怒っただけで、自分の大もとの平穏ないのちの尊さを、忘れる。怒りは、他人よりも、自分の平和にとって、もっとも、有害だ。

17

相手の事情を忖度《そんたく》する

あだにのみ　人をつらしと　なにか思う
心よ我れを　憂きものと知れ

人に〝忠告〟や〝助言〟ばかりしていないか

大学を出て、すぐ、教師となった。

まだ、なんの指導もできない若造だったのに、生まれてはじめて、「先生」と呼ばれ、すっかり、いい気になった。

振り返って思い出すと、はずかしいやら、申し訳ないやら……。

あるお母さんが、学校へやってきた。

「うちの子は、勉強ができない。もっと、よく勉強するようにするには、どうしたらいいでしょうか」

「ああ、そうですか。勉強できない子を、勉強するようにするには、まずは、環境をととのえてやることですね」

「……」

「失礼ですが、勉強部屋は、ありますか」

「いや、ありません」

「それじゃあ、お子さんは、勉強しませんよ。さっそく、つくってやってください」

やや、あって……。

「勉強部屋をつくったんですけど、一向に勉強しません」

「おかしいですね。じゃあ、お父さんお母さんが、読書をして、アカデミックな雰囲気をかもし出してください」

「ハイ」

また、やや、あって……。

「ダメです。勉強部屋にこもって、ゲームばかりしています」

「お父さんも、協力してくれたんですか」

「ハイ。週刊誌とか、厚いマンガを読んでくれています」

えっ。週刊誌とマンガの読書が、アカデミックなのか……。

「お父さんは、なんにもわかっていないんだなあ」

なんて、いい気になって、上から目線で、ものを平気でいいつけていた。

世間のことなど、なにもわからないくせに、相手の生活の状態など、ひとつも思いやらず、いい気になって他人の領域に飛び込んで、失礼きわまる決めつけた助言を、振りまいていた。

人はだれも、苛酷な社会の中で、それぞれが、それぞれの事情をかかえて、精一杯に生きている。

まだ若くて、自分一人の身辺整理もよくできないのに、「アカデミック」な生活などを勝手に思い込んで、決めつけた助言をしていたあのころは、いま思い出すと、苦しいくらいに、はずかしい。

一休は、いう。

あだにのみ　人をつらしと　なにか思う
心よ我れを　憂きものと知れ

この人は、ダメだ。あの人は、ここが気に入らない。と、他人に忠告や助言ばかりしている人は、思いやりのない、高慢な最低の自分だと、知れ……と。

18

人の心なんて変わるもの

悪くとも　善くともいかで　いいはてん
時々《おりおり》変わる　人の心を

「本音」で生きたほうが、人生はラクになる

かなしいかな、みじめな少年時代を、送った。

父を亡くしてから、あたりの様子が、激しく、変わった。

いままで、けっこう、大事に扱われていたのに、とたんに、冷たくされたり、意地悪をされたり、泣かされたりした。

母のセリフは、毎日、決まっていた。

「人さまから、バカにされないように、しっかりしなさい」

友だちに、いじめられて、泣きながら帰ってくると……。

「おまえが悪いから、いじめられるんだよ。いじめられないようにしなさい」

こうして育ってくると、まわりの人や友だちに、いつも、

「こんなことをいったら、いじめられるんじゃないか」

「こんなことをいったら、バカだといわれるんじゃないか」

と、だんだん、ほんとうのことが、いえなくなっていった。

そうやって青年時代を送っているうち、自分で、自分の「基本的な考え」が、見えなくなってきた。

自分の素顔が、わからない。そのうち、人に会うのは、あまり面白くなくなってきた。一人で読書しているのが、いちばん、楽しくなった。

一人で読書して、楽しむ。どこか、かっこいい自分だと、そうも思っていた。が、いまになって、もし、あのままの生活を送ったら、とんでもない不幸な人生で終わってしまったことが、はっきりわかる。

相手によって、いうことがコロコロ変わる、いわゆる、「心棒のない人間」。いつでも、人から尊敬されるように、うわべだけをうまく演ずる人間になったろう。

年を取ったこのごろになって、やっと、

「人がどう思ったっていいや。やりたいように、本音で生きていこう」

と、そして、自分のありのままの、しょうがない姿で、ほそぼそと生きていくのが、好きになった。

一休は、いう。

悪くとも　善くともいかで　いいはてん
時々変わる　人の心を

超訳する。

「あいつは、悪いやつだ。その評判が、十年、五十年、百年……と、変わらないで、ずっと続くであろうか。逆に、いい人だ、といわれたって、いつ悪い人だといわれるか、見当が、つかない。いい人といわれたって、悪い人といわれたって、そのときどきで、人の評価は、あっというまに変化する」

あまり、自分のプライドを気にしすぎると、だんだん、まわりの評価が気になって、いいたいことも、いえなくなる。すると、自分にもやさしくなれない。

もし、自分のいいたい本音を、飾り気なく、思いきって語り合える友だちを、一人でも、二人でも持っていたら、人生、春の風に花が咲くように幸福である。

19

「ない」ものに心を注がない

極楽が　ありとは聞けど　往《ゆ》きて見ず
何方《いずく》を指して　浄土とはいう

お釈迦さまだって、ほんとうの極楽は知らない

「ポケモンGO」で、じつはないものを、汗を流して探し歩く。ないものを、あると思って、求め続ける。

まわりの人は、「ない」ことを、知っている。

が、本人は、いつのまにか、ほんとうにあるように思って、自分の行動にブレーキが、かからなくなってくる。

ゲームだから、楽しければ、それでいいじゃないか。なるほど、それも、よかろう。しかし……。

おそろしいのは、ゲームにのめり込むにつれて、現実に生きているという気持ちが薄れ、イライラして、感情を上手にコントロールできなくなることだ。

まぼろしのトリコになって、まぼろしに心をうばわれ、ほうっておくと、現実に生きる活力が、どんどん衰えていくことになる。

地獄のエンマさまが、そうだ。

人に悪いことをさせないために、あんなおそろしいものをつくった。

よく考えてみると、悪いことをする人は、エンマさまなど、まったく、こわがらない。

こわがるのは、心の弱い、いい人ばかりなのだ。

感情がこまやかで、おとなしい人が、いもしないエンマさまを見て、おびえながら、自律的に生きていく力を、失っていくことになる。

このごろ、現実生活を離れた、夢まぼろしのような世界が、妙に広がってきた。

目前に、はっきり実存するものと、人工的につくられた「まぼろしの世界」を、よく見極めないと、自分の感性や知性を、うまくコントロールできなくなる。

一休はいう。

極楽が　ありとは聞けど　往きて見ず
　何方を指して　浄土とはいう

おそらく、「極楽」という言葉を知らない人は、いないであろう。

言葉は、よく知っていても、実際に極楽へ行って、その目で、とことん見極めた人は、いない。

お釈迦さまだって、達磨《だるま》さんだって、法然《ほうねん》さんだって、親鸞《しんらん》さんだって、極楽を、そこまできちんと行って、見てきた人は、いない。

千年、千五百年前に生活していた大半の人たちは、文字も読めなかった。知的な水準は、想像以上に、低かった。

その大半の人たちに、まともに仏教の真理を説いてみても、まさに、「馬の耳に念仏」である。生きていくことさえ大変な人たちに、仏教の教えなど学ぶ時間はない。毎日が、叫びたいほど、苦しい。

そこで「いまは苦しいが我慢しよう。死んだら極楽というすばらしい浄土がありますよ」と、大衆に安心を与えようとした。

禅の真理とは、なにか。

なんのことはない。自分の鼻から出入りしている呼吸の尊さを知ることだ。呼吸は、まぼろしではない。絶対のすぐれた、リアルでポジティブな極楽だ。

20

自己中心的な暮らしをしない

いたずらに　暮らすその身は　愚かさよ
芸のひとつも　たしなみはせで

死ぬときは一銭も持っていけないのだから

年を取るにつれて、地位が、あがる。

「うむ、よかった。自分の思うとおりに行動しても、いいようになった」

いままでは、上役のいうとおりに、

「ハイ、ハイ」

の一点張り。

組織では、ちょっと地位が上向きになると、周囲が急に、おとなしくなり、こちらのペースで回りはじめる。

そのうち、部長とか、取締役とかになる。

まわりが、ペコペコ頭を下げて、どんなことでも、

「ハイ、ハイ」

と、二つ返事。

すぐに、気持ちよく返事をしてくれて、引き受けてくれる。

こうなると、いつのまにか、自分本位の気分が、エスカレート。

「ハイ、と返事ばかりしていても、なんにも、ならん。実績をあげなくては、ダメだ！」

と、どなりつける。

ひどくなると、自分のことを棚にあげ、感情のおもむくまま、行動しはじめる。

たとえ、自分が失敗しても、あやまらないで、逆ギレしている。

自己中心的……。

これが、老化現象の毒薬であることが、ぜんぜん、わかっていない。

おそろしいことに、自分が、そうしようと思っているわけではないのに、人間は、いい気になると、だれでも、そうなる。

これが進むと、イライラして、突然、キレてしまう。

孤独になって、暴走しはじめる。

だれも、ついて、いかない。

まわりは、しかたなく、「ハイ、ハイ」と、いうことを聞いているだけで、じつは、腹の底で、冷笑している。

なぜ、こうなるのか。

カネ儲けばかり。一時のヒマも持たず、「身の修養」を怠《おこた》ったためだ。

一休は、いう。

いたずらに　暮らすその身は　愚かさよ
芸のひとつも　たしなみはせで

超訳する。

「いかにカネを手に入れたって、死ぬときは、一銭も持っていけない。適当なカネは、持ったほうが、いい。が、必要以上のカネを、時を惜しんで、がむしゃらにかせいでも、それが、なんの生きがいになるのか。カネは、増せば増すほど、気苦労が増える。カネは大切だが、カネの奴隷になっては、困る。

カネを儲けた人は、次に、カネを手放すことになる。うまく手放すためには、時には、坐禅でもすることだ。合気道とか、弓道とか、芸ごとを、たしなむことだ」

21

「一心」に打ち込む

わが心　そのままほとけ　生きぼとけ
波を離れて　水のあらばや

わたしを打ちのめした、ある老婆の信仰心

先日の土曜日（二〇一六年十月八日）、阿蘇山が、噴火した。

揺れの度合いがひどく、火山灰が電線に積もって、夜明けまで、停電が、続いた。

日曜日は、もともと、阿蘇神社に行く予定だった。

「今日は、無理だね」

「やめたほうが、いい」

だれもが、尻込みをした。

熊本に住んでいる、引率してくださる先生は、黙ったまま、しばらく、阿蘇山の火口から立ちのぼる、まっしろの噴煙を、ながめていた。

そして、静かな声で、

「大丈夫です。今日は、噴火しない」

といって、口を結んだ。

予定していた大型のタクシーに、乗り込んで、阿蘇を目指して、走り出した。

両側には、山いっぱいに、大手を広げて、すすきが、揺れていた。

霧雨が、煙のようになって、すすきをおおっていた。

つづら折れの山道を、くぐるようにすり抜けて、車が、阿蘇神社についた。

足が、止まった。口が開いたまま、ふさがらない。

阿蘇神社の重要文化財の、あのでっかい楼門が、四月の地震で、根元から、どでーんと、ひっくり返っている。

なんと、拝殿も、日本刀のように鋭く反り返った長い屋根のまま、たがいに抱き合い、二重、三重に重なって、広い庭に、埋め合わせるように、なだれ込んでいた。これも、重要な名建築であった。

阿蘇山の守り神の阿蘇神社が、阿蘇山の火山灰を浴びている……。


一瞬、複雑な、妙な気持ちに、襲われた。そのとき……。

一人の老婆の姿が、目に映った。

崩れたでっかい屋根のすぐ前に、ほんの小さな礼拝の場所があって、賽銭箱が置いてある。

老婆は、その箱にお賽銭をポトリと入れ、二礼二拍手をパチパチと打った。

しばらく合掌していたが、老婆は、手を合わせたまま、まっしろな砂利の上に、くずれるように座った。サラサラと両手をこすって、祈り続けている。

火山灰をふくんだ、しぐれの雨が、両肩にしみ込んでいった。

その姿は、いつもの祈りではなかった。

〈まあ、神さま、お気の毒に。ああ、かわいそうに。どうぞ立ち直ってください〉

ひたすら、純真潔白の美しい祈りであった。

わたしは、痛く敗北した。わたしの信仰心は、一老婆に、遠く及ばない。

一休は、いう。

　　わが心　そのままほとけ　生きぼとけ
　　　波を離れて　水のあらばや

そのとき、その場で湧きあがってくる人間の純真な心が、ほとけである。波を離れて水がないように、あの老婆の心のほかに、ほとけは、いない。

22

「迷いの坩堝《るつぼ》」に落ちない

知らざるは　ほとけも人も　同じこと
さてこそ人の　迷いこそすれ

「息」をしているありがたさを知る

ほんとうの自分とは、なにか。

ほんとうの自分は、いったい、どこにいるのか。

いま、生きている。

なぜ、生きているのか。

パチパチ。ポチポチ。パソコンやインターネットにのめり込んでいるうちに、自分が機械のようになってしまって、いのちを持って生きている自分の姿が、まったく、見えなくなった。

人工知能が、ほんとうの自分を知らなくても、いい。

が、人が、ほんとうの自分を知らなくては、困る。なぜ?

ほんとうの自分を知らなくては、人は自分の一生を、どう生き抜いていったらいいのかが、ぜんぜん、わからなくなって迷いはじめるからだ。

昨日も、今日も、明日も、あさっても、同じことで、悩んで、毎日同じように働くだけ。気がついたら、定年。または、病いに倒れる。そんな一生で、いいのか。

働き続けるのが、意味がないとは、いわない。

が、単に働くだけでは、生きる喜び、生きているありがたさが、感じられない。

生きる、とは、なにか。

「生きる」とは、「いき」と「る」の合成の言葉。「いき」とは、ブレス、つまり、呼吸だ。「る」とは、継続しているときにつける言葉だ。

つまり、「生きる」とは、「いき」がずっと続いている、という意味。

そうか。「いき」が続かなくて、ストップしたら、そのとき、自分もなくなる。

「いき」があるうちは、自分が、ある。「いき」がなくなると、自分が、なくなる。

じゃあ、自分とは、なに？

ほんとうの自分とは、「いき」である。みんな、ほんとうの自分は、頭の中の考えだ、と、思い続けている。じつは、頭の中の考える力も、「いき」が切れたら、ストップする。

ほんとうの自分である「いき」は、あれこれと理屈をいわないで、ひたすら働く。損得もいわず、ひとつの注文もつけず、文句もいわず、自分の一生のすべてを支えてきてくれた、ダイナミックな「大もとの自分」。

ああ、ありがとう……と、頭を下げたそのとき、悩みが、サッと消える。

知らざるは　ほとけも人も　同じこと
　さてこそ人の　迷いこそすれ

人は、うっかりすると、自分のいのちの大もとを、まったくわからないまま、ただ働くだけで、一生を終えてしまう。

そして、悩むのはよそう、悩むのはよそう、といいながら、つねに悩み続けて、一生を終える。その最大の原因は、呼吸の尊さをしっかり自覚して、感謝しながら生きないからだ。呼吸に感謝すれば、いっさいの悩みが、サッと消える。

一瞬も休まず、黙りこくって、生まれてから今日まで、人の生活を支えている「いき」の恩恵を忘れたら、たとえ仏さまでも、迷いの坩堝へ落ちる。

23

人はみな、黄金の宝を わが身に持つ

宝とも　ならぬ宝は　彦八《ひこはち》が
持ちたる金は　わが身金玉

「自分の内面」を見る目を養う

人は、二つの目を持つ。

ひとつは、外を見る目。

もうひとつは、自分の中を見る目。

だれでも、自分が外を見る目を持っていることは、よく、わかる。

まず、色を見る。赤だとか、白だとかが、わかる。

次に、形が見える。色と形がわかると、

「あっ。桜の花だ」

「あっ。これは、梅の花だ」

と、わかる。


どうだろう。あなたのすぐそばに、自分の中を見る人が、いるだろうか。

「自分の中を見る目」

それは、いったい、どんな目なのであろう。

自分の中の、なにを、見るのか。

自分の体の中で、めまぐるしく活動してくれている、あらゆる生命活動のすばらしさを、じっくり見るのだ。

桜の花を見ている。

だれが見ているのだ。自分だ。自分のなにが見ているのか。目だ。そこだっ。目が見えるようにしている力は、どこからやってきたのか。だれが、そのように働かせてくれているのか。

ゴーン。

鐘が、なる。

耳が、聞いている。そのとおり……。

それは、だれもが、「耳が聞いている」と、そう思い込んでいる。ただし、そこだけで終わってしまったら、若いうちはいいが、ちょっと年が寄ると、ストレスとプレッシャーで不自由な日常を送ることになるぞ。

海へ行きたい。そう思っただけで、なんともいわず、素直に自分の思いどおりの場所へ、足は、てくてく歩いてくれる。その根元の力とは？

みんな、大自然の大きな、ダイナミックな、いのちの力の働きだ。

禅は、ひたすら、それを見る。

「外を見る目」は、自分の外にばかり宝物があると、思いつめる。「自分の中を見る目」によって、外の宝をいかに高く積みあげても、とうてい勝つことができない宝物が、自分の内側にあると、はっきりわかる。

宝とも　ならぬ宝は　彦八が
持ちたる金は　わが身金玉

彦八さんは、宝物を外にばかり求めてきた。一休は、いう。

「彦八さん、よく静かに考えなさい。おまえさんのほんとうの宝は、おまえさんの身体の働きそのものなのだよ」……と。

身分や地位にかかわらず、人はみな、黄金の宝を、自分の体の中に、持つ。

第三章

〝常識〟にとらわれず、自由に生きる

24

雨が降っても、風が吹いても「気にしない」

有漏路《うろじ》より　無漏路《むろじ》へ帰る　一休み
雨降らば降れ　風吹かば吹け

毎日を、さらりと生きる

春の雨が、シトシト降っている。

「ああ、今朝は、春雨《はるさめ》が降っている。静かに降っているなぁ」

傘がある人は、さしていく。

傘がなけりゃ、

「春雨だ。濡れていこう」

と、イキに歩いていけば、よろしい。

雨に影響されないで、サラサラ歩いていければ、それで、いい。


朝起きると、雨だ。

「ちぇっ、今日は、外へ出かけられない」

「今日は、傘をさして出勤するのか。めんどうくさいなぁ」

ことによると、こんなことも、ある。

「おい、レインコートを出してくれ」

「はい」

「なにグズグズしてるんだ。早く持ってこい」

「ちょっと待ってね。あれっ。どこへしまったかしら」

「どこへしまったのか忘れたのか。まったく、おまえは、しょうがないやつだな」

「しょうがないやつって、なに？　わたしだって、パートの仕事に出かけるのよ。自分のコートぐらい、自分で探してちょうだいよっ」

「うるさい。グズグズするな。早く持ってこいっ。バカ！」

「バカっていったわね。どっちがバカか、よく考えてよっ！」

……せっかく、仲よく目覚めたのに、のどかな春雨で、地獄へ落ちる。

春雨が、二人をバラバラにしたのではない。どこで、狂ってしまうのか。

有漏路より　無漏路へ帰る　一休み
雨降らば降れ　風吹かば吹け

と、一休は、いう。

「有漏路より　無漏路」とは、「生まれてから、死ぬまで」のこと。

超訳する。

「人が、生まれてから、死ぬまでの時間は、あっという短いものだ。ちょうど、山歩きでもして、岩の上へハンカチを敷いて、ほっと、一休みするくらい……。ほんのちょっとした時間なんだから、雨が降っても、風が吹いても、まわりの環境の変化に影響を受けて、あれこれ余計な心配や争いをしないで、さっぱり、さらりと生きよう」

夏になったら、

「みんなで海に行って、泳ごうか」

と。

強い風が吹いて冬になったら、

「スキーに行けるのが楽しみだなぁ」

と。

いちいち、暑いの寒いの、ムダな意味づけをして、小賢しく、文句をいわない。

25

あっちでもいいし、こっちでもいい

降らば降れ　降らずば降らず　降らすとも
濡れて行くべき　袖ならばこそ

「いい・悪い」から離れてみる

仕事場の人間関係が、うまくいかないから、朝出かけるとき、足が、重い。

あの先輩には、どうして、わたしのことが、わかってもらえないのか。

あいつを、いままで、あんなに信頼してきたのに、どうして、簡単に、裏切りの行為をするんだろう。

会社のことを、あんなに深く考えて発言したのに、だれもわかってくれないなんて、まったく、面白くない。

わたしが、仕事の壁にぶつかっているのに、だれも手を貸してくれない。

職場の上司は、毎日のように、つべこべと、指摘が多すぎる。

ああ、こんな職場にいると、不満やグチをいいながら、つまらない人生を送ることになる。この仕事場で働き続けることは、とうていできない。

……こんな気持ちで仕事をしていると、日がたつにつれて、どんどん、つらくなる。

挙げ句のはてに、自分はこの職場には適応できない、といって、やめる。

が、ちょっと待ってくれ。

そのあなたと同じ職場で、やめないで働いている人が、いるのだ。

同じ環境で、ニコニコ笑って、楽しそうに働いている人も、いるんだぞ。

問題は、そこだ。

転職も、一回ぐらいは、いい。

離婚も、一回ぐらいは、いい。

親友も、一回ぐらいは変わっても、いい。

が……。

転職ばかり、繰り返す。

離婚ばかり、繰り返す。

親友を、とっかえ、ひっかえする。

なぜだろう。いろいろ、複雑な原因はあろう。

少し静かに考えてみると、つねに逃げ出したくなるのは、ものごとを、あっちがいい、こっちが悪いと、考えすぎるからではないのか。

どこの会社へ行ったって、同じようなもんだ。

だれと結婚したって、フォローしないと、みんな同じように、ボロボロになる。

自分とまったく同じ趣味や思想を持っている人なんか、そんなに、いない。どの友人とつきあっても、大同小異だ。

降らば降れ　降らずば降らず　降らすとも
濡れて行くべき　袖ならばこそ

一休は、いう。

「雨よ、降るなら、降れ。降らないなら、降らないでいいよ。降っても、降らなくても、どっちでも、いいよ。恋しい人ができた私の袖は、いつも、涙で濡れているのですからね」……と。

「どっちでもいい」

これが、ラクにうまく続けていく、禅的バイオリズムのコツだ。

26

理屈も、計画も、計算もいらない

国いずく　里はいかにと　人問わば
本来無為の　ものと答えよ

あなたは、世の中に一人しかいない

あなたは、なんの力で、この世に生まれてきたのか。

お父さんと、お母さんの力で、この世に生まれた。

うむ。それだけだろうか。

じゃあ、お父さんと、お母さんは、いったい、なんの力で、この世に、人間として生まれてきたのであろう。

さあ、そうなると、ひとまわり大きな視点が、いる。

わたしは、大自然の力で、生まれてきたと、思う。

わたしは、水の力、海のエネルギーで、生まれてきたと、思う。

わたしは、太陽の力で、生まれてきたと、思う。

いや、結局は、地球が、あったからではないのか。

みんな、正しい。


が、さらに、もうひとまわり、大きな目を開いてみよう。

じゃあ、自然の底にあって、あらゆる自然を働かせているのは、なにか。

大地や海の生物の生成の、支えになっているものは、なにか。

あの太陽を、グルグル回しているのは、いったい、だれ？

地球上の人類の生命を、生み、育て、死なせているのは、だれ？

それは、でっかい、でっかい、全生命のファウンデーション。宇宙の大エネルギーである。

それは、見えない。それは、つかめない。しかし、ある。

しかも、その力は、いっさいの理屈ぬきで、人為的な計画もなく、なんの計算もなく、長い、ながーい時間をかけて、地球という、小さな生態系の中で、こんなにもめずらしい人間をつくってくれた。いや、わたしを、生んでくれた。

しかも、この永遠にも近い宇宙の歴史の中で、自分という生命は、たったひとつ。

わたしは、この大宇宙の中で、自分しか、いない。自分は、すごい。

国いずく　里はいかにと　人問わば
本来無為の　ものと答えよ

あなたの生まれた、国は?

「わたしは、日本という国で、生まれました」

ほんとうだろうか。日本という国が、あなたを生んだのだろうか。

「いや、父母が、わたしを生みました」

うむ。生んでくれたかもしれないが、あなたの顔をつくってくれたのは、だれか。目や耳や舌や手や足や爪まで、きちんとつくってくれたのは、父や母では、ないだろう。

一休は、いう。

「人の生命をつくったのは無為、つまり、大宇宙の生命の働きである」……と。

禅語に「大用現前《だいゆうげんぜん》」が、ある。「大用」とは、宇宙の大きな働き、「現前」とは、人体の形や働きのひとつひとつ。

人の活動のいっさいは、大宇宙の生命が、全力を尽くして、一心に、働かせている。

27

大事なものは、自分の中にある

木の阿弥陀《あみだ》　金の弥勒《みろく》に　石地蔵
尊《とうと》み拝《おが》む　人ぞおかしき

坐禅がなぜいいか

いまになって、振り返ったとき、とにかく、坐禅をしてきて、よかったなぁ……と、しみじみ、深く、思う。

あくまで、自分にとって、ではあるけれど、坐禅がなかったら、大げさにいうと、自分の明るい人生は、なかった。

じゃあ、坐禅を組んで、なにが、どうよかったのか?

そういわれると、はい、これと、それと、あれがよかった、と、なかなか、簡単には、答えられない。

が、たったひとつ。「ほとけ」というものは、自分の体の中にあった、ということが、とことん、自覚されたことが、なんといっても、いちばん尊く、うれしかったことだ。

白隠禅師《はくいんぜんじ》（一六八五～一七六八）の『坐禅和讃《わさん》』は「衆生《しゅじょう》本来仏なり（みんなが仏）」ではじまり、「この身すなわち仏なり」で、しめくくっている。

若いころから、「ほとけ」とは、仏像だと思っていた。小学校の遠足で、鎌倉の大仏さまを見たときから、「ほとけ」は、大仏をはじめ、京都や奈良で拝んでいる、美しい仏像だと信じきっていた。

坐禅を組んでいるうちに、だんだんその見方が、変わってきた。

「ほとけ」とは、自分を、この世に生まれてから、今日まで生きさせてくれた「大自然」の、リアルな生命そのものであった。

大仏も、尊い。観音さまも、ありがたい。阿弥陀さまも、たくさんの恵みを与えてくれる。

仏像は尊く偉大ではあるが、それらは、人によってつくられたものであった。人につくられた芸術の尊さ。それも、大切だ。

が、さらに、もっと大切なのは、人につくられたものではなくて、もともと、自分の中にあって、その力がなくては一日も生きていられなかった、「もとからあった」自然の、ストレートな生命の尊さなのであった。

坐禅で発見するのは、自分の内側にある「もともと」の大自然の生命のすばらしさ、偉大さである。

それを発見すると、人生の見方が、ガラッと、明るく、軽く、変わるのだ。

木の阿弥陀　金の弥勒に　石地蔵
　尊み拝む　人ぞおかしき

超訳する。

「人々は、だれもが、木でつくった阿弥陀さまや、金でつくった弥勒菩薩や、または、石でつくった地蔵さんを、一心に手を合わせて、拝んでいる。

それは、けっして、悪いことではない。けれど、禅的にいうと、おかしなことだ。

禅の修行で求めるほとけは、人がつくったものではない。自分自身を、その底にあって支え続けてくれている『大自然のいのち』（禅では、これを、ほとけという）だ。

その大きな生命を発見した人間を、ブッダ（仏）というのだ」

28

当たり前のことに幸福を見出す

貴《き》賤《せん》智《ち》愚《ぐ》　僧《そう》俗《ぞく》男女　別なれど
菩《ぼ》提《だい》の道は　ひとつ事なり

禅が求めるのは「どうでもいいこと」のありがたさ

あなたは、いったい、なんの力で、生きているのか。

わたしは、いったい、なんのいのちで、生きているのか。

いままで、そんなことを、考えている時間は、なかった。

いままで、そんなどうでもいいことを、考えるヒマも、なかった。

しかし、禅が求めるものは、その「どうでもよい」ことなのだ。

わたしは、禅を知るまでは、自分は、頭で生きていると、思い続けてきた。

よく頭で考えて、それを実行して生活しているのだと、信じきっていた。

坐禅を、生まれて、はじめて組んだとき、

「姿勢を正し、半眼に開いて、鼻から出入りしている呼吸を見つめよ」

と、指導された。

そのとき、わたしは、生まれてはじめて、呼吸というものが、スウスウと、鼻から出たり入ったりしていることに、気がついた。

一夜あけた翌朝、禅の講座が、あった。

山本玄峰《げんぽう》老師（一八六六〜一九六一）は、こう、お話しなさった。

「生活のもとは、呼吸だ。生きている大もとは、鼻から出入りしている呼吸なんだ。とくに、初心の者は、そのことを、坐禅で、しっかりとつかまなければ、いかん」

と、ひと息入れてから、

「人間が、生まれてから、死ぬまで、呼吸が、一度も切れることはないだろう。いいか。五分でも呼吸が止まることがあったら、もう、だれも生きちゃいないんだ」

と、続け、さらに、

「生きるのに、そんな大事な呼吸のありがたさを、だぁれも、知らない。知らなくても、ありがたいと思わなくても、途切れることなく、みんなの生活を支えているのだ。寝ていたって、呼吸は続いているのだ。しかも、だれでも、呼吸は、同じなんだ」

……と。

坐禅を、する。スウー、スウー……。

呼吸が、静かに、ととのってくる。

「ああ、呼吸が、ありがたい」

と、頭が、下がる。

そのとき、仕事のプレッシャー、ストレスが、ほどける。

自律神経のバランスが、よくなる。

呼吸のありがたさに感謝すると、人生が晴れてくる。

貴賤智愚　僧俗男女　別なれど
菩提の道は　ひとつ事なり

一休は、いう。

「貴い人、貧しい人、頭のいい人、悪い人。僧侶と俗人。男と女……。みんな別々に見えるけれども、自然のいのちの尊さを求めていく『菩提《ぼだい》の道』、つまり、悟りへの道は、たったひとつである」……と。

みんなの生命を維持しているのは、鼻から出入りする呼吸だと、自覚することだ。

29

世の中を嘆かない

皆人《みなひと》の　涅《ね》槃《はん》常《じょう》楽《らく》　知らずして
生《しょう》死《じ》無《む》常《じょう》を　嘆くあわれさ

ゆっくり生きる。ゆったり楽しむ

坐禅を組む。

少したつと、スウスウと、呼吸がととのってくる。

だんだん、自然にスウーッと、吐く息が、長くなってくる。

どうしよう、こうしようと思わなくて、よい。

ただ、静かに、坐っていれば、いい。すると、だんだん、呼吸が、ととのってくるのだ。

一般の人は、禅の問答を、まったく、気にしないほうが、いい。

ただ、静かに。

ただ、素直に。

ただ、ひたすらに、坐っていれば、それが、いちばん、いい。

はじめは、どうしても、足が、痛い。

足は、痛くても、そのまま、ほったらかしにしておいて、ただ、坐る。

それだけで、なんと、頭が、スッキリしてくる。

気分が、どんどん、リラックスしてくる。

心が、パッと、明るくなる。外の景色が、美しくなる。


なぜだか、わからなかった。

最近は、ヨガとか、気功《きこう》とか、坐禅とか、呼吸を重くみて、大切に扱う修行をしていると、おのずからだんだん、ゆっくりと息を長く吐くようになることが実証された。息が長くなると、頭の動きが、すこぶる調子よくなって、うまく感情がコントロールできるようになることが、わかってきた。

さらに、ひとつひとつの呼吸を大切にしていると、心がドンと落ち着き、ゆったりと安定させることができる。それどころか、生きている幸福感が、わくわくと湧きあがって、いい気分になってくることが、実証された。

坐禅の専門道場での、厳しい修行は、専門家だけの、専門の修行である。

あれは、別口。素人に、あまり厳しくしては、困る。

古くから、坐禅は、「安楽の法門」といわれた。坐禅を組むと、安らかで、楽しくなるという意味である。

わたしたち、普通の人は、気張ることなく、座布団を一枚敷いて、ゆったり、楽しく、面白く、坐ったほうがいい。

少し慣れてくる。と、スーッと長く息が吐けるようになる。

静かな呼吸のリズムは、すっきりとした幸福な人生を、生む。一休は、いう。

皆人の　涅槃常楽　知らずして
　生死無常を　嘆くあわれさ

超訳する。

「静かに坐禅を組めば、悩みや不安が、サッと消えて、心に平和がやってきて、いつでも、満足した生活ができる。なのに、長生きしたいが大丈夫だろうか、もしかしたらふと死んでしまうんじゃないか、愛する人の気持ちがすっかり変わってしまった、世の中が様変わりしてしまった、などと、ため息ばかりついて、不満をかかえて、達成率の低い人生を生きていくのは、かわいそうなことだ」

30

「いま」「この瞬間」を大切にする

九年まで　坐禅するこそ　地獄なれ
虚空《こくう》の土と　なれるその身を

人間関係の基本は「ありがとう」

たくさんの人と、よい人間関係をつくっていきたい。

どうしたら、いいだろう。

それには、出会った人に対して、いつも、「ありがとう」と思うことだ。

「ああ、生きている間に、この人と会えて、ほんとうに、ありがとう。出会えて、よかった」

そのうち、おたがいに信頼できるようになる。相手を思いやれるようになる。

ところが、人と人が、近づくと、だんだん、好きになり、人と人が好きになると、妙に、その人の欠点が、目につくように、なる。

人間同士が「好きになる」という感情は、うっかりすると、なかなか、コントロールできなくなる。「好きになる」には、気を引き締めないといけない。

「ありがとう」は、いついつまでも、平穏無事なのだ。

が、「好き」は、どうしても、だんだん、わがままが出る。

面白くない気持ちや、くやしい気持ちは、ほうっておくと、どんどん、増大する。

そんなとき、「好き」な気持ちを、「ありがとう」に、戻すことができたら、ぶつかっていこうとする気持ちを、うまくかわすことができる。

いろいろ、方法が、ある。

が、わたしの場合、なんといっても、坐禅がよかった。

五分でも、十分でもいい。ベッドの上でも、廊下でも、いい。正座でもいい。

アルプス山脈に坐っているような大きい気持ちで、静かに呼吸をしているだけで、くやしい気持ちや、かなしい思いが、薄らいでいく。

坐禅は、組むだけで、心のバランスが取れる。メンタル面の健康が、すぐによみがえってくる。「ありがとう」といえる自分に、なる。ボロボロの心が、スーッとラクに、なる。

若いときから、禅僧に、いやというほど、叩かれた。坐禅は、厳しい。

わたしは、その厳しい坐禅を希望していたように、いま、思う。

五日間、七日間、八日間。ぶっ通しで坐禅を組んだ。三十八歳の夏は、三十日間、静岡の石雲院《せきうんいん》で、たった一人で、坐り続けた。

わたしは、坐禅は、長く坐るほうが、いいことだと、信じきっていた。

はずかしながら、いまになって、厳しい坐禅だけが正統ではない、長いだけが理想ではないことが、わかってきた。

大切なのは、内容だ。ただ、素直に、ひたすら静かに坐って、スウスウと鼻から出入りする呼吸の「ありがたさ」を感じていれば、そんなに頑張らなくても、五分でも、十分でも、坐禅の光が、手早く出てくる。

九年まで　坐禅するこそ　地獄なれ
　虚空の土と　なれるその身を

一休は、いう。

「ダルマさんのように九年もの間、ずーっと坐禅を組んでいても、ただ、足が痛い、苦しいだけの話で、地獄にいるようなものだ。だれでも、いずれは、大地の土となってしまうのだ」……と。

大切なのは、坐禅をして自分をいじめるのではなく、いま呼吸をして生きている一瞬、一瞬が、ものすごく貴重だと、深く悟ることだ。

31

エゴを捨て、雲のように自由に生きる

我れありと　思う心を　捨てよただ
身をうき雲の　風にまかせて

こう考えれば、人生は難しくない

ピシッ。ピシッ。

一生懸命坐禅しているのに、思いっきり、叩かれる。

「もっと、しっかり坐れっ」

これ以上は、しっかり坐れないと、あらん限りの根気をついやして、ピリッと坐っているのに、叱られる。

やっと、静かな心になって坐っているのに、突然、ピシッ、ピシッ、と、重ねて打ってくる。

えいっ。もういいかげんにしてほしい。そう思ったとたん……。

「もっと、真剣に坐れっ」

と、大声で怒鳴られ、ピシャリ。

ああ、せっかくの日曜日に、会費まで出して、ここへこうしてやってきて坐禅を組んでいるのに、ひとつも、ほめられない。ただ、理由もなく、叩かれる。怒鳴られる。

まったく、面白くないといったら、ない。

このうえなく、不快であった。

そのとき、まったく、不思議なくらいに、一休さんの絵が、浮かんできた。

数人のガイコツが、わっしょい、わっしょいと、二本の棒の上に屋形を乗せた「輿《こし》」をかついでいる。その上にガイコツのお坊さんが乗って、お墓が並んでいるほうへ急いでいる。

次に、ガイコツのお坊さんが、いま、死んだばかりのガイコツを、やさしそうになでている……。

そんな一休のガイコツの絵が浮かんできたので、クスッと笑いがこみあげた。

ああやって、怒鳴りまくっている禅僧も、ガイコツなんだ。

こうやって、足をまげて、痛い痛いと坐禅している自分も、ガイコツなんだ。

「ピシャリ」

突如、また、打たれた。

そのとき、ガイコツが、ガイコツを打ったと、一瞬そう思った。

とたんに、わたしは、ていねいに合掌した。心の底から、

「ありがとうございます」

という気持ちが、湧きあがってきた。

なぜだろう、と考えたが、わからない。

わからないが、厳しく、叱りつける禅僧に対して、「ご苦労さまです」と、頭が、下がったのである。一休は、いう。

我れありと　思う心を　捨てよただ
身をうき雲の　風にまかせて

超訳する。

「誇らしい自分が打たれると思うから、面白くなかった。ガイコツが打たれるなら、なんともない。自分をガイコツと思えば、自分ばかりを守ろうとするエゴが消える。エゴを捨てて、浮雲が風のまにまに飛ぶように、不平不満なく、のどかに生きる」

32

いいことも、悪いことも「いつかは終わる」

村雨《むらさめ》は　ただ一ときの　ものぞかし
おのがみのかさ　そこにぬぎおけ

現代人は超「頭でっかち」

自分の中のいのちの働きを静かに見ているうちに、あっ、これは、自分のいのちではない。自然のいのちだったと、気がつく。

すると、そこから、だんだん自然に目が向いてくる。

大空を、見上げる。

白い雲が、飛んでいる。

ちょっとの間、ほんの三分でも見ていると、まあ、なんと、雲は、いろいろな姿に、ぐんぐん、変わっていくことか。

川を見つめる。

水は、うずをまいたり、泡を立てたり、ゆっくり流れたり、サラサラ速く下ったり、さまざまに変化する。

あっ、花が咲いた。

十日咲いていれば、長いほうだ。たいていは、三日、四日で、散ってしまう。一日花は、一日でポトリと落ちる。朝顔は、朝だけ。夕顔は、夕方一瞬のいのち。

自然のすべては、同じ姿をとどめていない。またたくまに、姿を変える。

自分のいのちも、自然そのものだから、毎日、少しずつ、確実に変化している。昨日の自分は、すでに、今日の自分の体ではない。


世の中の事件だって、一日として、まったく同じものは、ない。

台風だって、変わりながら、消える。

それなのに一向に変わらないのは、頭の中に巣くった価値観だけだ。

むかし、嫌いだったものは、いまも嫌いだ。

むかし、いやだった人は、いまになっても、どうしても、いやだ。

また、たとえむかし好きでも、いったんいやになったら、もう、好きになれない。

なにしろ困ったことに、頭の中につめ込まれた「好き、嫌い」「いい、悪い」という考えは、なかなか、変えられない。

現実は、どんどん、変わっている。状況は、めちゃくちゃに変化しているのに、頭の中の「考えの基準」が、一向に、コチコチに、固まったまま。

古代、まだ頭脳が発達していないころは、現実が変わると、考え方も変わった。

記憶力が強くなって考えすぎてばかりいる現代人は、変化に対応できない。まわりが変化すると、「最悪だ」と文句ばかりいって、考え方を変えない。

一休は、いう。

村雨は　ただ一ときの　ものぞかし
おのがみのかさ　そこにぬぎおけ

超訳する。

「にわか雨は、サーッと降って、すぐにやむ。村雨とは、すぐにやむ通り雨。にわか雨が、やんだら、みのと笠を取って、さっぱりしたらどうだ。体の中では、みのと笠をつけていたら暑いし、うっとうしいし、重いから、取ってくれといっている。それなのに、頭の中は、またきっと降ると用心して、みのと笠を取らせない。
降るなら、降れ。降ったら、笠をつける。目の前の現実の変化に合わせ、自由自在、臨機応変の知恵を湧かせて、カクテルを飲むように、気がねをしないで生活する」

33

生きるも死ぬも「考え方ひとつ」

露《つゆ》と消え　まぼろしと消ゆ　稲妻《いなずま》の
影のごとくに　身は思うべし

「わたしは思いもかけず、人として生まれてきた」

友だちが、ガンになった。

もう、これ以上治療の方法がないと、医者にいわれ、あと、半年のいのちとなった。

見舞いに行って、彼に会ったら、どんな態度で、なにを、どういって、なぐさめてあげようかと、ひどく、苦心した。

彼は、床の上に座って、本を読んでいた。が、なぜか、前きたときより、いささか明るいような顔をしていた。

わたしが、ベッドの前の小さな椅子に腰をかけようとすると、

「きみ、きれいだろう。自然って、ものすごく美しい姿をしているね」

と、窓ぎわに、いま、満開の桜の花を、指でしっかりと指して、いった。

「……」

「いままで、なんども、なんども、桜の花を見てきたけれど、ああ、咲いたな、ぐらいで、きれいだなんて、まったく思わなかった。今年の花は、まったく違うんだ。毎朝起きるたび、桜の花をながめると、胸が燃えあがるんだ。ああ、今日も桜に会えて

よかった。そんな気持ちに、なるんだ」

彼の目が、ちょっと、ふるえた。

「こんな美しい花を見ることができる自分は、すごい存在なんだ。そう思うと、しみじみ、ああ、人間として生まれてきて、よかったと、頭が下がる。信仰心なんて、いままで、いっさい持たなかったのに、ふと、手を合わせてるんだ」

「死ぬのが、こわくないのか」

わたしは、おそるおそる、そう、尋ねた。

「それが、死に対する恐怖がなくなってね。人間として生きられて、ほんとうによかったと、ありがとう、ありがとうと、手が合ってしまうんだ」

つと、わたしは、彼の手を握りしめた。

彼は、死の告知を受け、桜の花をながめて生まれ変わった……。

わたしは、そう、思った。

一休は、いう。

露と消え　まぼろしと消ゆ　稲妻の

影のごとくに　身は思うべし

超訳する。

「露のように、あっというまに、ポタンと消えてしまう人のいのち。稲妻のピカッと輝いて、とたんに消えてしまう光（影）のように、サッと消えてしまう人の生命。ああ、うっかりすると、明日死んでしまうかもしれない。そう思ったとたん、いま、自分が人として生きている尊さを、ありがたい不思議さを、見出すことができる。死をおそれることよりも、思いもかけず、人間として生きてこられた奇跡を、大地にひたいをこすりつけて、感謝したくなる」

人は、死というものを、シッカと骨身に意識したとたん、生命の価値が、お母さんに抱かれたときのように、ガラッと変わる。

第四章

〝世の垢〟にまみれ、懸命に生きる

34

人生は「仮住まい」のようなもの

世の中は　乗合舟《のりあいぶね》の　仮住まい
よしあしともに　名所旧跡

不幸は、人の話を聞かないことから起こる

いま、自分が考えていることは、いちばん、いいことだ。

いま、頭に浮かんだ考えが、絶対に正しいことだ。

そう勘違いしている。

そして、その考えを、どこまでも保とうとして、骨を折ってしまう。

が、ほかの人も、それぞれ、みんなが、自分の考えていることは正しいと思っているということも、よくわかったほうが、いい。

「相手の考えを、よく、聞きなさい」

こういわれて、しかたなくつらい思いをして、相手の考えを、聞く。と、ますます、相手の考えの弱点がわかって面白くなくなる。

「やっぱり、自分の考えが、正しい」

と、自分が勝ったように思い、もっと強く、自分が正しいと、思い込んでしまう。

が、世界は、広い。

世界には、いろいろな人がいて、一人一人、すばらしい考えを持っている。一から

十まで、まったく同じ考えを持っている人は、一人もいない。

そんなことが、わからないのだろうか。

「オレの考えだけが、正しい」

「わたしの考え方は、絶対だ」

と、心底から思いたいのなら、世界中の人の考えを、もれることなく、よく聞いたあとで、いったらどうか。

世の中は　乗合舟の　仮住まい
よしあしともに　名所旧跡

……と、一休は、いう。

乗合舟に乗って、大きな川を下っていく。

両側には、名所や旧跡が、現れては、消え、消えては現れる。

「やあ、あの阿弥陀寺の三重の塔は、いいな」

「いや、ぼくは、さっき見た観音寺の五重の塔が、気に入っている」

「うむ、この雄滝《お》のほうが、たくましくて美しい」

「いや、その下にある雌滝《め》のほうが、やさしくて、清らかでいい滝だ」

あっちがいい。いや、こっちがいい……。

いいの悪いのと、ガヤガヤいい合っているうちに、あっというまに、終着点について、船を下りる……。


人生も、まったく、そのとおりだ。

頭だけの教育が、充実すればするほど、自分だけの「いい・悪い」の考えがシッカと固まって、くる。いろんな人の考えや、新しい考えに、対応できず、ぶつかり合っているうちに、いつか、死んでしまう。

人生の不幸のほとんどは、考え方の違い、意見が合わない……から、起こる。

世界の平和の乱れも、自分と反対の意見を、絶対に聞かないことから、起こる。

人間が頭で考えた意見や主義に、グローバル・スタンダードは、ない。

35

答えを「外」ばかりに求めない

問えばいわず　問わねばいわぬ　達磨殿《だるまどの》
心のうちに　なにかあるべき

自分を「探求」することこそ、人の尊さ

ホテルのロビーで、ピアノが音を立てている。

ピアノの椅子には、だれもいない。

コンピューターが、ピアノをひきはじめたのだ。

そして、子どもたちは、ピアノから離れていった……。

それでは、困る。

コンピューターが、ピアノをひくのは、別に悪いことじゃない。が、それが横行すると、人が、ピアノをひく趣味や能力や技術が、どんどん失われていく。

コンピューターが、将棋の名人に、勝った。コンピューターのほうが、強い。そんなことは、人間の尊さとは、関係しない。

名人は、相手の性格まで読み、たまには、相手の健康状態まで読みきって、次の一手を、自分で、自分らしく考えて、指す。勝ち負けだけではない。

大事なことは、自分で、あらゆる状況を、主体的に判断して、一手を指すことなのだ。

あくまで、自分で、自分らしく、自分の思ったまま、パチリと指す。どう指すか。けっして、人には、訊かない。いや、訊けない。答えを、いっさい外に求めず、どこまでも、自分の能力を磨く。そこが、肝心だ。

人は、もともと、ものごとを、自分の目で、広く、正確に観察して、適切な知恵を起こし、的確な判断を生み出す能力を、豊かに持っていた。

が、今日では、コンピューターの進化とともに、だれもが、機械にばかり頼り、機械が示す数的な判断ばかりを、探そうとしている。

そして、日ごとに、自分で、自分らしく、自分の思うように考える楽しさを、失っていく。

問えばいわず　問わねばいわぬ　達磨殿
心のうちに　なにかあるべき

一休は、いう。

なにか質問しても、達磨さんは、黙っていて、答えをくれない。

こちらで、質問しているのに、達磨さんのほうからは、なんの答えもない。質問しても、しなくても、達磨さんは口を結んで、黙り込んでいる。達磨さんは、答えられないのか。または、答えがないのか。

……と。

さあ、そこだ。

達磨さんが、黙って答えないのが、じつは、すばらしい答えなのだ。

なぜ？

「人にばっかり訊かないで、心を静かに落ち着ければ、自分で、自分らしい適切な答えが、生まれるよ」……と。

達磨さんの「心のうちに、何かあるべき」。達磨さんの心のうちに、あなたへの答えは、ない。あなたの答えを、あなたの心を静めて、あなた自身で生む力を磨く。それこそが、一休の、禅の世界だ。

人生をどう生きるか。自分の生き方を、若かったころのように、もう一度愛してほしい。

36

相手に「うまく合わせる」

心より　首にかけたる　傀儡師《かいらいし》
鬼を出そうと　仏《ほとけ》出そうと

一本筋は通しても、頑固になるべからず

好きなことだけやって、生きる。嫌いなことは、なるべく、しない。

自分を変えないで、他人も変えないで、おたがいに、長所を伸ばし合って、仲よく、充実した人生を送っていこう……。

いい考えだ。すばらしい考えだ。

が、世の中、なかなか、そう簡単には、いかない。仕事の集団の中で、そういう生き方をしたら、まず、大変なことになってしまう。

「きみは、頑固なやつだな。もっと、人のいうことを、素直に聞け」

「おまえ一人の会社じゃない。もっと、全体のことを考えろ」

と、つっぱねられるだろう。

そのうち、自分のいいたいことが、だんだん口に出せなくなる。

会社の社風というものにもよるだろうが、たとえば、自分の考えをまわりが受け入れてくれないとき、上司に、

「わたしの考えは、頭ごなしにつぶされています。もっと、発言の自由な会社にして

ほしいです」

などと、不満を口にしたら、烈火のような怒りを買うことになろう。

そこで、自分の才能や考えどおりにいかない状況を、うまく生き抜くには、どうしたらいいのか、ということになる。

それには、自分というものをしっかり持って、一本筋は通していても、けっして、頭を固くしないことだ。

自分の考えは、変えなくてもいい。

しかし、いくら相手の考えが違っていると思っても、それをすぐ正そうとするのではなく、相手にうまく合わせるコツを知らなくては、生きていけない場面も、たくさん、出てくる。

相手の意見が、西なら、南西ぐらい、相手が東なら、北東ほどの意見を出して、融通をきかせれば、逆に相手に振り回されず、いつか、きっと、自分の思うように生活できるようになるし、自分の考えを広めることもできる。

心より　首にかけたる　傀儡師
鬼を出そうと　仏出そうと

一休は、いう。

「傀儡師（あやつり人形師）は、重い頭巾《ずきん》をスッポリかぶって、自分の顔は、人には見せないで、いま、鬼を出せば、見物人が喜ぶ、今度は、仏を出せば、人が楽しむと、次からつぎへと、いろいろな人形を出す。そのたび、集った人が、大喜びをする」……と。


いくらいい考えを持っていても、いつも、そればかりを吐き出して、頑固に主張していると、やがて、人から愛されなくなる。周囲の人との人間関係をうまく保てなくては、ますます、自分の思うとおりに、事が運ばなくなる。

とくに、若いころは、「ものの考え方」を、柔軟に、しなやかに学んでいくほうが、あなたをハッピーにする。

37

人生はいつだって「予想外」

待ち得ても　程は鳴かりし　ほととぎす
友を誘いて　いずち行くらん

「考える」より、まず「動く」

わたしは、どうしたら、人に好かれるようになるだろうか。

わたしは、どうしたら、人に尊敬されるようになるだろうか。

わたしは、どうしたら、人に選んでもらえるようになるだろうか。

わたしは、いつも、「どうしたら」「どうしたら」と、考え続けた。たくさんの資料を集め、それを読み込んで、ひとつの結論を出そうとした。

また、あるときは、過去の偉大なる哲学者や宗教家のお言葉を学んで、そこから、ひとつの結論を出そうとしたりしていた。

そして、「どうしたら、いいのか」から出発して、「こうしたら、いい」という結論を出して、その結論にしたがって行動してきた。

が、いかに自分の考えた結論にしたがって、「こうすべきだ」「こうなるべきだ」と、歯をくいしばって頑張っても、ほとんど、結論のようには、ならなかった。

つまり、自分の思うとおりには、ならなかった。どんなに工夫してみても、苦しいほど努力しても、自分の考えたとおりには、一度もならなかった。

それどころか、自分が考えもしないことが、どんどん起こってくる。

この世の中って、なんだろう……?

と、首をかしげるくらい、思ってもみなかったことの、連続であった。


わたしは、いま、「よく、考えればいい」「よく考えれば、いい結果が出る」という信仰を、ほとんど、持たなくなった。

「いくら、考えたって、そんなものは、なんにもならんよ」という、現実を、信ずるようになった。

古くさいことわざ、

「下手な考え休むに似たり」

が、このごろ、妙に、好きになった。

「役にも立たないことを、しかめっつらして考え続けるな。疲れるばかりだぞ。考えたって、なんの効果もないぞ。それなら、休んでいたほうがましだね」

と……。

いくら考えたって、いくらそれを期待したって、世の中、あなたの思うようには、いかない。ちょっと、期待したとおりになったとしても、たった一瞬だけのことだ。

一休は、いう。

待ち得ても　程は鳴かりし　ほととぎす
友を誘いて　いずち行くらん

超訳する。

「ホロ、ホロ、ホロ……と、銀の鈴を転がしたような鳴き声が、聞きたい。雨期が近づいて、いまかいまかと、待っていたら、あっ、鳴いた。ほととぎすが、鳴いた。いいなあ。もう、一度、聞きたい。ぜひもう一度鳴いてくれ。が、ほととぎすは、友だちをつれて、いったい、どこへ飛び去ってしまったのだろうか。鳴いてくれない」

こんなとき、もう一度鳴かせるにはどうしたらいいのかと、いくら考えたって、どうしようもない。考えても、いっさいの現実は動かない。まず、自分が、動く。

38

生きとし生けるものは、おしなべて死ぬ

生まれては　死ぬるなりけり　おしなべて
釈迦も達磨も　猫も杓子《しゃくし》も

社長も、部長も、課長も、店長も、支店長も……

通夜が、終わった。

友人が、ひとり、逝《い》った。お別れの宴会が、はじまった。

と、わたしのとなりで、旧友が、

「いや、まいった。あいつに金を貸してあったが、死んじゃったから、もう、しょうがないなぁ」

と、亡くなった友人の写真に、ビールのグラスをちょっとあげて、なつかしそうに飲みほした。

「いくら貸したの」

「三十万」

「げっ。そんなにかぁ」

と、ヒソヒソ、話した。

「でもな、死んじゃったんだからな。しょうがないだろう」

と、彼は、苦笑いをした。

帰りの車の中で、さかんに、こう思っていた。

「このオレも、死んじゃうのだ。死んじゃったら、なにもないんだな」

それほど、深刻な気持ちではなかったけれど、しきりに、そう思って、夜の町を、車窓からながめていると、ふと、

「この町に住んでいる人たちも、五十年、百年たつと、一人も、生きては、いないのか……」

と、心がポキンと折れそうになった。

禅の師匠は、わたしに、よく、こんなことをいっていたなぁ……と、そのとき、思い出した。

「あのな、人と口げんかして、相手が無礼なことばかりいい続けて、腹が立ったときは、ああ、こいつもゆくゆくは、棺箱《かんばこ》の中へ入れられるんだ、と、思ったら、腹も立たなくなるよ。それでも、まだ収まらなかったら、こうやって腹を立てている自分も、同じように、いずれは、棺箱に入れられるんだと思ってごらん。腹を立てている自分も、いずれみんなから忘れられる、と、思えるからね」

生まれては　死ぬるなりけり　おしなべて
　釈迦も達磨も　猫も杓子も

「生きているものは、みんな、必ず、死んでしまうもんだ。あんな偉大なお釈迦さまも、達磨さんも、猫も、杓子も」……と、一休は、いう。

いつか、みんな死ぬ。
社長も、部長も、課長も、店長も、支店長も、総理大臣も、大統領も。
あなたも、わたしも、いつかは、ご逝去あそばす。
人は、ほうっておいても、死ぬ。
なのに、なぜ、わざわざ、銃をパンパン撃って、殺し合っているのか。
いつかみんな死ぬんだから、無鉄砲に、銃で撃つな。

39

心が邪悪なら生きる甲斐なし

人はただ　心ひとつの　悪ければ
よろずの能の　ある甲斐もなし

能力よりも心を磨く――それが人生のコツ

極楽が、ある、と、いう。

ほんとうに、死んで、極楽に行けるのだろうか。

地獄だって、そうだ。

行って見た人が、いるのか。

だぁれも、いない。

じゃ、極楽も、地獄も、嘘なのか。

嘘かもしれない。いや、やっぱり嘘だ。

嘘だけれども、人間社会では、極楽と地獄という言葉は、あったほうがいい場合が、ある。

小さいころ、しょっちゅう、悪さばかりしていた。

父と母に、そのたび、

「そんなことばかりしていると、地獄へ落ちて、エンマさまに舌を抜かれるよ」

と、おどかされた。

地獄のエンマさんがいなかったら、わたしは、もっと、悪人になっていた。

人を愛し、深く思いやっていう嘘は、そのまま、認めたい。

青年時代に、自分をよく見せたいために、嘘をついたり、言い訳をしたりを、毎日のように、やっていた。

無意識のうち、それで、うまく相手をだませたと思っていた。

いまになって考えると、やっぱり、あのころは、恋愛も、交友関係も、うまくいっていなかった。そんな嘘をついていると、どんどん、人に愛されなくなった。友に信頼されなくなった。

坐禅を組むようになってから、自然に自分をよく見せかける嘘は、まったくつかなくなった。

正直者は、損をする、という。

たしかに、一時は損をする場合もあろうが、長い目でみると、あとあと、すごい得をすることになる。人に愛され、信頼されるようになるからだ。

相手をだましたり、自分に都合のいいようにものごとを運んだりするための嘘は、つかないほうが、いい。いつか、大きな損をすることに、なる。

一休は、いう。

人はただ　心ひとつの　悪ければ
よろずの能の　ある甲斐もなし

超訳する。

「心は、頭の考えより、強い。この世の王者は、考えではなく、心である。もしも、人をなんとか悩みや苦しみの海から、救ってさしあげたいという慈悲の心があるなら、地獄も極楽も、嘘ではない。それによって、楽しく、明るく、正直に生きられたら、それは、仏教のエンターテインメントである。ウソから出たマコトだ」

自分に都合がいいようにものごとを運ぶために、鋭く頭をつかって、エゴの嘘ばかりこねるリーダーが、多い。どんなに能力が豊かであっても、心がエゴであったら、願わずとも、嘘つきの地獄へつながって、落ちる。

40

世間の悪を鑑《かがみ》とする

何事も　とかく世間の　悪しき事
見るにつけても　我れをたしなめ

自分の落ち度にもすぐに気づけるか

「オレが、こんなに苦労して、いい事業を残したのに、息子が、経験が浅くてなにもわからんくせに、これが新しい時代のやり方だといって、オレに断りもなく、じゃんじゃん組織を変えてメチャメチャにしていくんだ。まったく、どうにもならん、バカ息子だ」

息子さんに、会う。

まあ、なんとおとなしくて、いい息子さんなのだろう。バカ息子どころか、オヤジさんより、おだやかな感性を持っている。笑顔も、いい。礼儀も、わきまえている。威張っても、いない。

「いやぁ、このまえ、息子さんにお会いしましたが、いい息子さんですね」

と、わたしが見た事実を、いくら話しても、

「いや、あいつは、ダメだ。あいつのやり方では、事業がつぶれる。オレは、あんなやり方は、ひとつもしなかった。だから、たくさんの客が、オレを盛りあげてきてくれたんだ。あいつみたいに、数字一本の経営では、ダメだといっているんだ。経営と

いうものは、仁なんだ。思いやりなんだ。息子には、それが、わかっとらん！」

こうなると、息子がやっていることが、ちょっとしたことでも、ビンビン気に障ってくる。ブレーキが、ぜんぜん、きかなくなる。


インターネットの時代である。

もはや、仁とか思いやりとかで、商売はできなくなっている。

人は、年を取るにつれて、

「ゴメンなさい」

と、あやまれなくなる。

そして、つねに、

「悪いのは、自分ではない」

と、相手だけが悪いのだと、決めつけてくる。

実際は、自分の考えや方法が古くさくなっているのに、それを、認めたくない。

何事も　とかく世間の　悪しき事

見るにつけても　我れをたしなめ

……と、一休は、いう。

世間の、いろんなことを見聞きしているうちに、体力がいささか衰え、それにしたがって、ちょっとしたことで、腹が立って、それが、なかなか、収まらなくなる。

さらに、ものごとを新しく考えることが、難しくなる。自分の頭に、カビのようにこびりついた価値の考えから、解放されない。

若いころと違って、忘れっぽくなって、ミスを重ねるのに、妙に世間のこと、家庭の生活の悪い面ばかり目について、不快になったり、怒ったり、文句をいったり……。

原因不明の現象だ。が、そのままほうっていると、せっかくの快適な人生を失う。

まわりの弱点を見つけたら、すぐ、自分の落ち度にも気づき、大きな目で、それを認めることだ。

41

突きつめれば、「人類みな同じ」

雨あられ　雪や氷を　そのままに
水と知るこそ　とくるなりけり

つねに「明るく前向き」な議論を

コミュニケーションの時代に落ちこぼれたくないなら、うまく自分の考えを相手に伝える技術を持っていたほうが、いい。

が、じつは、これが、混乱のもととなる。

たとえ、こちらのほうで、自分の考えを冷静に伝えたとしても、相手が、ゆっくりこちらの考えを理解してくれる力を持っていないと、いつのまにか、議論のパニックとなる。

冷静さと、明るさを欠いた議論ぐらい、平和を乱すものは、ない。

先日のこと、国会の研究室で、議員さんにお話しするチャンスをいただいた。

超党派の会合で、いろいろな党の方がお見えだった。

講演の終わりかけに、わたしは、こう申し上げた。

「みなさんは、それぞれが党の立場で、細かく資料を集め分析して、激烈な討論をされていらっしゃいます。たいへんご苦労なことです。でも、うっかりすると、みなさんは、個別の党という認識しかないかもしれませんが、いずれの党も、日本の国政のお仕事をされているわけです。

党名を見ると、自民党、民進党、共産党、社会党ですが、みなさんの党の共通分母は、『日本』です。どうか、自民とか、民進とか、共産とかいう分子の意識だけではなく、『日本』という分母の意識を持って、なによりも、『和』の日本の心を胸に、もっとラクに、もっと幸せに、明るく広く議論してください」

みなさんから、たくさん、拍手をいただいた。

が、当然なことをいったら、笑われることも多い。笑われても、いい。世界人の共通分母は、人間である。あらゆる生物のトップ。尊い「人間」が分母である。笑われようが、どうしようが、この真実の認識を、だれもがはっきり抱かない限り、この美しい地球で、テロと戦争は、終わらない。

議論を戦わせては、パニックを生み、挙げ句のはてに、みんなで武器を持って、人が人を殺す。「いい」「悪い」の議論をしながら、最悪の行動を、取る。

議論とか、話し合いは、けっこうなことだ。ただ。注意しなくちゃいけないのは、議論とか話し合いをしているうちに、真実とか、人間としての幸福で平和な在り方が、いつのまにか忘れられてしまうという点なのだ。

一休は、いう。

雨あられ　雪や氷を　そのままに
　水と知るこそ　とくるなりけり

雨が、降ってきた。そのうち、あられに変わった。

「いや、雨のほうがよかった」

「いや、あられに変わって、よかった」

雪が降り積む。湖に、氷が張る。

「氷より雪が好きだ」

「いや、雪より湖の氷のほうが、美しい」

人だけが「選択」する権利を持っている。選択するのは、いい。が、価値を論じすぎると、思い違いが激しくなって、争い出す。雨もあられも雪も氷もみんな水。これが禅の見方だ。もとはみな同じ。そこに、争いは、ない。

第五章

〝偏見〟をなくし、人に恋して生きる

42

心がととのっている人に、ほればれする

本来の　面目坊《めんもくぼう》が　立ち姿
一目見しより　恋とこそなれ

一休のいう「本来の面目坊」とは、どんな人？

高校時代、みんなから追いかけられた、美しい人がいた。

もともと、生まれながらにして容姿の美しい人は、もて方が、違う。

が、名門のエリートと、ずいぶん早くに、結婚してしまった。

もちろん、その後しばらくは、その人を見ることはなかった。

彼女が、三十五歳になったころ、横浜駅で、ばったり会った。

びっくり、仰天した。

それくらい、彼女のかつての美しい面影は、消えていた。

よく、女性は、三十五歳を過ぎると、坂道を転がり落ちるように、姿が変わってしまう場合がある、と、聞く。

しかし、その後、十年ほどたってから、今度は、北鎌倉の駅のホームで、また、ばったり会った。

えっ。

まあ、なんと、美しい人か。

ブクブクの肉は、ぴりっと引きしまって、彼女のかつての美しさが、輝き、よみがえっていた。若さの美しさではない。子どもも産まれて、慈悲の心が育まれた美しさなのだ。

男に好かれようなんてしなくても、グッと人を惹《ひ》きつける、清楚な魅力がはじけそうな女性になっていた。

彼女の口が、花のように割れて、

「いま、円覚寺《えんがくじ》で、坐禅をしてきたんです」

と、いった。

本来の　面目坊が　立ち姿
　一目見しより　恋とこそなれ

坐禅をして、なにを、悟るか。

あちこちで、どこを探しまわったって、悟るものなんか、ひとつもない。

悟りなんて、求めなくてもよかったのだ。

では、坐禅をすると具体的に、なにが、どう変わるのだろう。

目の前に起きたことに対して、積極的に、前向きに解決しようと、あせらなくなる。動揺している心が静まる。

何ものにもとらわれず、ゆらゆら揺れないで、目前の混迷をどう乗りきっていくかが、自然にわかってくる。

腰をすえ、背中をすっと伸ばして、坐っている。

ただそれだけで、心の切り替えが、うまくなる。不思議なことだ。

いつでも、悩みをサッと消せる人を、「本来の面目坊」と、いう。

心をととのえられるようになった人の姿は、一目見ただけで、ほれぼれする。

四十を過ぎると、気力や体力が、ぐんぐん目減りしていく。少しずつ前のめりになって、腰がピンと伸びなくなる。本来の若々しい姿が、どんどんくすんでいく。

ここが、大きな分かれ道。頭のスイッチをポンと切り替えて、ピンとまっすぐな立ち姿を保つ。美しいオーラが、はっきりと湧いてくる。

43

みんな「同じ空気」を吸っている

始めなく　終わりもなきに　わが心
生まれ死するも　空《くう》のくうなり

人は持ちつ持たれつ生きている

人は、自然と、ぴったり、つながって生きている。

人は、自然から、ちょっぴりでも離れて、生きていけるだろうか。いけない。

ウソではない。

これは、事実だ。

どんなに、うまい理屈をくっつけたって、どうにもならない現実なのだ。

人は、だれも、みんな、鼻で自然の空気を吸って、生きている。

人は、鼻から出入りする空気で、理屈抜きで、自然とつながっているのだ。

この事実を、だれが、否定できるのか。

だれも、絶対に否定できないのに、人は、自分の力だけで生きていると、思ってしまって、この世界が、バラバラになって、戦いの場になった。

スイッチひとつで、世界が、火の海になってしまうという、おそろしい時代を迎えたいまこそ、ずっと気がつかなかった価値を、みんなで、しっかりと見直そう。

わたしは、鼻をスウスウと出入りする尊い空気で、自然とつながって生きている。

そして、もうひとつ。

みんなも、まったく同じように、鼻から自然の空気を吸い込んで、朝も夜も、無事に生きている。

ならば、どうだろう。みんなの生命は、おたがいに、つながって生きていることにならないのか。

みんなの生命は、バラバラでは、ないのだ。

まったく、不思議な空気の力で、一枚につながって、生きている。

始めなく　終わりもなきに　わが心
生まれ死するも　空のくうなり

……と、一休は、いう。

人のいのちは、自然（空）がつくりあげてくれた。

自分のいのちが、いったい、いつ始まったのか。それを、明らかに認識できる人は、一人も、いない。

自分のいのちが、いったい、死んだあとは、どうなるのか。わからない……。

なぜか。

わたしたちは、だれもが、空気の力で生まれたからだ。

しかも、空気の力で、生き抜いて、ついには、空気の力が抜けて、死ぬ。

人のいのちの原動力は、自分だけのものじゃない。みんなのものだ。空気という共有のものだ。

人のいのちが、世界中に、いくらたくさんあっても、おたがいに、持ちつ持たれつで、つながって生きていることを、けっして、忘れてほしくない。みんなで、同じ空気を吸って、生きているんだ。

人は、みんな、自然に生かされていることに感謝する姿勢を、とやかくやかましい理屈をこねる前に、もっと積極的に取るべきだ。自然と心地よく感性を結べば、ぶつぶついわないで、みんなで仲よく生きる心の波動が、グンと高まる。

44

欠点を見ない、短所を言わない、悪口を聞かない

何事も　見ざる言わざる　聞かざるは
ただ仏には　まさるなりけり

こんなリーダーには、仏さまも舌をまく

好きなことは、まあ、いくらやっても、あきない。

だけど、嫌いなことは、すぐ気が重くなって、やめたくなる。

好き嫌いに関係なく、しなくてはならないことは、心機一転。サッと、気持ちを新しくして、喜んでやれっ。

そういわれて、歯をくいしばって、やらなきゃいけない大嫌いなことをしようと、五年も、十年も、二十年もやっても、どうしても、嫌いなことは、うまく手がつかない。それが、わかった。

自分は、変わらなかった。いちだんとなまけもののわたしは、いくらやらなきゃいけないことでも、もし、それが嫌いだったら、我慢して、喜んで行動することは、できなかった。

もうこうなったら、嫌いなことを我慢し、じっとこらえるのはよそう。

好きなことだけやって、生きていこう。

とにかく、自分は変わらなかった。自分は、やっぱり、どこまでも自分だった。

そのとき、ふと、湧きあがるように、思った。

そうだ。ほかの人も、自分と同じように、変わらないんだ。いや、変わらなくていいんだ。それなのに、「こうしたほうがいい」「そうしてはいけない」と、賢そうな顔をして、人を変えようとばかりしていた。自分は変わらないのに、人を変えてよくしてやろうなんて、無駄な努力を続けてきた。

じゃあ、どんなときに、相手の人を変えようなんて、思ってしまったのか。

それは、人の弱点や欠点、よくないところ、足りないところを、自分が勝手気ままに探し出したときだった。

相手の長所、よいところ、すぐれたところを見つけ出していたら、けっして、その人を変えてやろうなんて、思わなかったであろう。

みんなが、美点を伸ばして好きなことをやって生きられたら、そこが極楽だ。

何事も　見ざる言わざる　聞かざるは
ただ仏には　まさるなりけり

と一休は、いう。

どんな人に会っても、欠点を、見ない。おまえさんは、ここのところが、弱いから直したほうがいいなどと、言わない。人の悪口は、聞かない。すると、自然に、人のすぐれた点が見えるようになる。人のよい点が、ハッキリわかるようになる。

もし、人の長所を発見したら、それを伸ばしてやる。けっして、短所にかまわない。短所は、見ない。言わない。聞かない。ただひたすら、長所を伸ばし、長所を用いてやれば、この世の中に、落ちこぼれは、一人もいなくなる。

たとえば、そんなリーダーに出会ったら、仏さまだって、

「いや、あんたにはかなわん。あんたは、すごい。負けた……」

といって、舌をまくだろう……と。

人の弱点や欠点を発見しても気にするな……。うむ……。が、そのときはとても、いやな気分になる。そんなときは、「こんな気持ちは、十日もたったら忘れるだろうな」と思う。十日後に忘れてしまうことに、あれこれ神経を使わない。

45

「まわりの支え」に気づく

澄みのぼる　心の月の　影はれて
隈《くま》なきものは　もとの境界《きょうがい》

自分の努力だけで生きてきた、という思い込み

血だるまになって、わたしは、生まれてきた。

「オギャー」

と、大きな口を思いっきり開けて、泣いているわたしを、助産師さんが、やさしく抱いて、きれいに洗ってくださった。

母が、すぐ、やわらかいガーゼの着物をかぶせてくれた。

お腹が空いて、泣いてさけぶと、母は、わたしを、サッと抱いて、乳を飲ませてくれた。夜中でも、明け方でも、さぞかし、ねむたかったろうに……。母は、いつも、やさしかった。

やっと、立ち上がって、二、三歩ヨロヨロと歩き出すと、母は、手をさしのべて、「ハイ、ここまで、ここまで」と、美しい笑顔で、わたしの歩行を訓練してくれた。

兄も、姉も、みんなわたしの遊び相手になって、わたしが泣くたびに、気づかってくれた。

末っ子のわたしを、特別にかわいがってくれた父が、他界した。

小学校一年生の運動会のとき、リレーの選手に選ばれて、先に走っている三人をごぼう抜きにして、トップを切った。

二年生になった。その実力を認められて、また選手に選ばれて、走った。が、半分走ったころ、急に力が抜けて、スピードが落ちて、今度は、なんと四人に追い抜かれた。そのとき、母が、いった。

「お父ちゃんが死んじゃって、うまいもんが食べられなくなっちゃったから、力が出ないんだね。ごめんね」

わたしがいま、生まれてから、子どものころを思うと、まあ、なんと母の世話と愛をいただいたことか……。

その母も、いなくなった。

それから、今日まで、小学校の先生や友だち、先輩、中学校、高校、大学の先生方、学校以外のなつかしい友、すばらしい先輩のみなさんに、まあ、どれほど、お世話と友情と、ご指導をいただいたことか。

最近まで、わたしは、自分の努力で生き続けてきたと、思い込んでいた。

が、自分が生まれた場面を想うと、今日まで、自分が、いかに多くの人のお力をいただいて、ここまで育てられてきたかが、新鮮に、迫ってくる。

一休は、いう。

澄みのぼる　心の月の　影はれて
隈なきものは　もとの境界

超訳する。

「自分が生まれたときの状態（もとの境界）に戻って、自分が母親やたくさんの人に、どんなにお世話になって育ってきたかを想うと、人生の見方が一変する。いままで、自分の心に積もっていた、怒りや不満や、他人に対する悪徳のモヤモヤした気分が、サッと晴れて、リフレッシュするよ……」

46

美しい人に「感動」する

両眼《りようがん》の　明らかなるを　持ちながら
女に会えば　目なしとぞなる

「感動」があれば、人生はずっと面白い

「三番、サード、長嶋」
と、アナウンスの声がする。
後楽園球場が、それだけで、ワーッと燃えあがった。
プレイ・ボール。
サードに打球が、転がる。
巨人の長嶋選手が、流れるように走って、流れるように球を取って、流れるように、
ファースト目がけて、白球を投げる。
胸が、熱くなった。
なんと、美しい、プレー！
「うまい」よりは、「美しい」。
白球が、サードに転がっていくたびに、わたしは、興奮した。
町のチームで、野球をするとき、わたしは、サードを守らせてもらった。
学校で野球をしても、サード。当然、練習のときも、サード。

いくら練習をしても、ぜんぜん、あきなかった。

胸のうちには、いつも、長嶋選手があった。長嶋選手のように、華麗な足さばき、流麗なピッチ……。

三塁を守っているときは、うれしかった。楽しかった。やりがいがあった。そして、ちっとも疲れなかった。

ところが、ある日、カントクが、

「今日は、セカンドを守れ」

「……ハイ」

といって、セカンドのポジションについた。

プレーをしても、のれない。はつらつとしない。うまくいかない。面白くない。つまらない。そして、疲れる。早く、やめたい。でも、一生懸命、努力は、している。

不思議なことだ。

サードを守っているときには、頑張ろうなんて、ひとつも思わなかった。

努力しているという意識がぜんぜんなくても、だれより、痛快に頑張れた。

チームのメンバーは、だれもがプロ野球の選手にあこがれていたわけではなかった。

気のせいであったかもしれないが、彼らは、なにかと文句が多かった。疲れた、疲れた、の連発だった。

あるプロ野球の選手にあこがれ、そのプレーのうまさや美しさに感動できるのは、それこそ、才能のひとつであるかもしれない。

両眼の　明らかなるを　持ちながら
　女に会えば　目なしとぞなる

一休は、いう。

「いつもは、ハッキリ二つの目でものが見えるのに、美しい女性に出会うと、感動のあまり、なにも見えなくなる」……と。

それでいい。「感動」があれば、人生は、ずっと面白い。

「女性を愛して目なし」になると、いままで気づかなかった、シンプルで、自分にとっていちばん大切なことが、見えてくる。

47

裸になってしまえば、だれもかれも同等

振袖《ふりそで》と　留袖《とめそで》とこそ　変われども
裸にすれば　同じ姿よ

一休が女性を〝仏さま〟として尊んだ理由

どこへ行っても、大福は、ある。

どこでいただいても、店先に、ポイと並べてある大福は、うまい。

大福のない町や村は、日本中、どこにもないかもしれない。

みんなに親しまれ、みんなにかわいがられ、みんなの力となった大福。

その大福の中に、いちごを入れ込んだ、和菓子と果物の新鮮なハーモニーの「いちご大福」が、近年、なんと、外国人の間でも、驚きの声とともに、広まっている。

大福は、もちと、あんこでできている。それに、いちごをプラスするという発想が、ものすごい。

いったい、日本で、はじめて「いちご大福」をつくったのは、だれなのか。

「いちご大福」が生まれたのは、三十年以上前。「いちご大福」の元祖のお店は、東京の新宿にある「大角玉屋」さん。このお店が、特許を持つ。板橋にある「一不二《いちふじ》」さんが、実用新案登録を持つという。

おそらく、どちらかの店主か店員さんが、かつての「大福」の先入観を捨てきって、大福といちごを組み合わせて、女性にも大人気の、おいしくて美しい「いちご大福」という、独特の新しい和菓子を、生み出したのであろう。

わたしも、「いちご大福」は、新鮮でうまいと思う。ただし、いままでどおりの大福も、やっぱり、うまいのだ。

「いちご大福」も、もとは「大福」で、そんなに変わらない。「いちご大福」が評判高く売りきれていても、文句をいわず、それじゃあ「大福」といって、買っていく人が多いので、「大福」も、よく売れている。

振袖と　留袖とこそ　変われども
裸にすれば　同じ姿よ

一休は、いう。

「あの女性は、長いそでの着物（振り袖）を着ている。あの女性は、短いそでの着物（留め袖）を着ている。外から見ると、まるっきり、雰囲気が違っているので、その気分まで、異なるように思ってしまうが、着物をぬいでしまうと、ほとんど、同じように美しい姿になる」……と。

一休は、裸になって、川の水を浴びている女性を見ると、合掌して、「ああ、観音さま」と拝んでいる。

また家で女性が待ってくれていると、「家に仏さまが待っているから」と、早々に帰った。

当時は、女性軽視の思想が根強かった。

けれど、一休は、女性みんなを仏さまとして、尊んでいる。

女性の姿、形が美しいとか美しくないとかで、あれこれ評価をしてはいけない。全員が尊い母性の慈悲を持っているのだから、やさしく、どの女性にも力を貸してあげるように……と。

妻や恋人に対して、もし不満があったら、サッと捨てる。余計な不満をのぞけば、まあなんていい人だと、安らかで幸福な境地に、すぐなる。

48

人は死ぬとき、たった一人

世の中の　生死《しょうじ》の道に　連れはなし
ただ寂しくも　独死《どくし》独来《どくらい》

「乳水のごとき友を持て」という道元禅師の教え

会社の大切なお客さんから、苦情をいわれ、泣きたくなることがある。

いきなり上司に、

「このまえ、注意しただろう。きみは、何度いったらわかるんだ！」

と、厳しく怒鳴られ、いやじつは、こんな悪条件があったから、と、説明しようと思っているのに、すぐさま、

「始末書を提出せよっ」

と、なんにもわかってもらえない。失敗したことは、よく自覚することはできても、言い訳の一言くらいは、聞いてほしいのに……。

かつては、一度や、二度の失敗は、大目に見られて、「まあ、若いうちは、そんなもんだ」と、かえって、「失敗は、成功のもとだ」「一生懸命やっているやつこそ、失敗はするもんだ」と、励まされたものだ。すると、逆に、やる気が出る。

今日、そんなことを、いうと、

「甘いっ」

と、叱られるかもしれない。

近ごろのように、厳しい切迫した職場では、お客さまや上司に、ひとつも、言い訳はできない。

まず、そんな現実があったら、すばやく、自分の気持ちを切り替えて、なにをいわれても「ハイ」とだけいって、すぐ、自分の仕事に戻れば、いい。

「自分の気持ちをすぐ切り替えて……」

まあ、なんと、美しい言葉であろう。しかし、だれもかれもが、「気持ちの切り替え」を、そんなに簡単には、できない。

じつは、わかってもらえないショックは、すごく大きい。女性なら、オフィスに戻って、椅子に座ったとたん、くやし涙が、あとからあとから、あふれる。

男だったら、トイレに駆け込んで、壁に向かって、「バカヤローッ」と、さけぶ。

でも、なかなか、調子が出ない。

いやな気持ちを、サッと切り替えるには、話のよくわかる親友を持つことだ。

世の中の　生死の道に　連れはなし

ただ寂しくも　独死独来

一休は、いう。

「人は、生まれるときも、一人でこの世にやってきた。そして、死ぬときも、たった一人で、あの世に逝く」……と。

だから、いま生きているときには、親友を持とう。「頭の友」ではない、「心の友（親友）」一人は、百人の親戚よりも、尊いのだ。

道元（一二〇〇〜一二五三）も、

「乳水のごとき友を持て」

という。

牛乳と水のように、二人の心がサッと解け合う親友は、混迷しきった社会を乗りきる、大きな安心の支えである。

49

だれもが、それほど「偉く」はない

時めきし　人の無常に　誘《さそ》われて
ついには野辺《のべ》の　煙《けむり》とぞなる

地位も、名誉も、財産も、いのちを延ばせない

「きみ、よく頑張ったね。いい数字が出たな」

いい数字が出たら、ほめる。が……。

「なんだこの数字は。ダメなやつだ。ぜんぜん目標の数字に、達していないいっ」

「いや、一生懸命やりました」

「なにっ。一生懸命やっただと。一生懸命やって、どうして、こんなみっともない数字が、出てくるんだっ」

「でも、汗をかいて、精一杯やりました」

「おい、いいかげんにしろっ。いいか、すべては結果だ。出てきた数字だ。一生懸命やったつもりでも、どこかで手抜きがあったんだ。わかったか。汗をかいただとっ。いらない汗は、かくんじゃないいっ！」

数字が、いい。ほめる。それは、いいことだ。

が、悪い数字が出た。だから、彼は、なまけたのか？

そういう考え方は、単純すぎないか。

世の中の運びとは、よくやっても、いい結果が出るとは、限らない。

また、そんなにやらなくても、いい結果が出るときだって、たくさん、ある。

悪い数字の結果が、出た。

「頑張ったんですけど……」

「ああ、おまえが一か月、頑張ったのは、よく知っている。ご苦労だったな。でもな、世の中というのは、一生懸命やっても、思わしくない結果が出ることは、いくらでもあるんだ。おまえさんが、一生懸命やっていたことは、オレも、よくわかっているから、気を落とさないで、来月も、頑張れ。来月は、きっといい結果が出るよ」

と、ポンと肩でも、叩いてやったらどうか。

指導している人も、指導されている人も、怒っている人も、怒られている人も、落ち葉が散るように、みんな、あの世へ消えていく。

お金持ちだといって、威張っては、困る。

貧乏だといって、劣等感を持っては、困る。

それなりに、楽しく生きていけばいいじゃないか。

大空に浮かぶ白い雲を見て、「ああ、美しい。気持ちがいい」と、二、三回喜んでいるうち、みんな、だれもが、平等に、たったいっぺんの人生は、終わる。

時めきし　人の無常に　誘われて
ついには野辺の　煙とぞなる

と、一休は、いう。超訳する。

「うまく時代に合って、高い地位を得たり、思わぬ名誉にあずかったり、莫大な財産を手に入れたりして、うんと長生きしたいと願っても、それは、まったく、無理。あっというまに焼かれて、白い煙。だれも、かれも……」

死んだら、引き返せない。

だから、生きているときに、自分がほんとうに楽しめること、心から喜べることを発見して、みんなで仲よく生きる。

50

「いま」をときめき、明るく生きる

朝露は　消え残りても　ありぬべし
たれかこの世に　残り果《は》つべき

みんな違ってそれでいい

「こうしたほうが、いいよ」

と、親切にいったのに、

「そんなのダメよっ」

と、ぷいと、横を向いて、不機嫌な顔を平気でする。

この人と、どうやって、うまくやるのか。

どう考えたって、どう思ったって、どうにもならないことを考えすぎていると、自分がやるべき仕事も、やる気を失って、おろそかになる。

そういうときには、相手の気持ちを大切にするのが、いい。

えっ。冗談じゃない。こっちは、毎日、毎夜、相手の気持ちばかり大切にしているつもりだ。逆にもっと、こっちを思いやってくれ……。

おたがいにこうなると、会話ひとつでいやな気持ちになる。ちょっとした言葉が、もう面白くない。怒りも出る。

一休さんは、いやな気持ちになって、心がふさいだら、それをフーッと吹き飛ばす工夫を、むつかしいお経の話などいっさいしないで、教えてくれる。

一休は、男女が愛し合って、からんでいる絵を、描いている。よく見ると、なんと男のガイコツと、女のガイコツが、両手と両足をからめ合っているのだ。

「あっ、そうか」……いま目の前で、不愉快で、ふてぶてしい態度を取っている人も、いずれ近いうちに、ガイコツとなる。こんなつまらんことで、あれこれくだらんことを考え続けている自分も、いつかは、必ず、ガイコツとなる。

だれもが、おたがいに、骨となる。そう思ったとたん、すぐ目の前で、プイと横を向いた人の、まあ、なんと、かわいらしいこと。

世の中の人が、

「みんな同じ顔」「みんな同じ性質」「みんな同じ才能」

だったら、つまらない。みんながみんな違うから、人生は、面白い。

それが、わかっているのなら、

「みんな違う意見」

でも、いいのじゃないか。

ところが、人は、意見や考え方がちょっと違うと、気分が悪くなるのだ。

朝露は　消え残りても　ありぬべし
たれかこの世に　残り果つべき

超訳する。

「朝露が、早朝の太陽の光に当たる。キラキラと美しい。日に照らされると、露は、ひとつ、ふたつと消えていく。日に当たらない木陰にある露は、そのまま、夕方まで、美しく残る。そして、朝露となる。

残念なことに、人間は、一人としてこの世に残ることは、できない。いくら考えたってダメ。死は、鉄則である。だからこそ、生きているいまを、ときめいて、明るく、生きる。怒っては、いけない。怒りは他人よりも、自分に有害だ」

みんないつかは、この世にいない。そう思ったとたん、友人の裏切りも、恋人の浮気も、許せる。

参考文献

『一休道歌―三十一文字の法の歌』禅文化研究所（編）／禅文化研究所
『一休―乱世に生きた禅者』市川白弦／ＮＨＫ出版
『一休和尚全集』森 大狂（編）／光融館

本書は、本文庫のために書き下ろされたものです。

境野勝悟（さかいの・かつのり）

１９３２年、横浜生まれ。円覚寺龍隠庵会首。早稲田大学教育学部国語国文学科卒。私立栄光学園で18年教鞭をとる。在職中、参禅、茶禅一味の茶道を専修するかたわら、イギリス、フランス、ドイツなど西欧諸国の教育事情を視察、わが国の教育と比較研究を重ねる。

１９７３年、神奈川県大磯にこころの塾「道塾」を開設。１９７５年、駒澤大学大学院・禅学特殊研究科博士課程修了。各地で講演会を開催。経営者、ビジネスマンから主婦層に至るまで幅広く人気がある。

著書に、『道元「禅」の言葉』『超訳 般若心経〝すべて〟の悩みが小さく見えてくる』『超訳 菜根譚 人生はけっして難しくない』『老子・荘子の言葉１００選』（以上、三笠書房《知的生きかた文庫》）などベストセラー・ロングセラーが多数ある。

知的生きかた文庫

一休《いっきゅう》「禅《ぜん》」の言葉《ことば》

著　者　境野勝悟《さかいのかつのり》
発行者　押鐘太陽
発行所　株式会社三笠書房
〒一〇二-〇〇七二　東京都千代田区飯田橋三-三-一
電話〇三-五二二六-五七三四〈営業部〉
〇三-五二二六-五七三一〈編集部〉
http://www.mikasashobo.co.jp
印刷　誠宏印刷
製本　若林製本工場

ISBN978-4-8379-8453-5 C0130

知的生きかた文庫

気にしない練習

名取芳彦

「気にしない人」になるには、ちょっとした練習が必要。仏教的な視点から、うつうつ、イライラ、クヨクヨを〝放念する〟心のトレーニング法を紹介します。

禅、シンプル生活のすすめ

枡野俊明

求めない、こだわらない、とらわれない――「世界が尊敬する日本人100人」に選出された著者が説く、ラク～に生きる人生のコツ。開いたページに「答え」があります。

超訳 般若心経 〝すべて〟の悩みが小さく見えてくる

境野勝悟

般若心経には、〝あらゆる悩み〟を解消する知恵がつまっている。小さなことにとらわれず、毎日楽しく幸せに生きるためのヒントをわかりやすく〝超訳〟で解説。

道元「禅」の言葉

境野勝悟

見返りを求めない、こだわりを捨てる、流れに身を任せてみる……「禅の教え」が手にとるようにわかる本。あなたの迷いを解決するヒントが詰まっています！

空海 「折れない心」をつくる言葉

池口恵観

空海の言葉に触れれば、生き方に「力強さ」が身につく！　現代人の心に響く「知恵」が満載！「悩む前に、まずは行動してみる」ことの大切さを教えてくれる一冊。

C50312